EL EVANGELIO DE

SAN MARCOS

Philip Van Linden, C.M.

Traducido por:
Rosa María Icaza, C.C.V.I.

A Liturgical Press Book

THE LITURGICAL PRESS
Collegeville, Minnesota

ABREVIATURAS

Gen—Génesis	Cant—Cantar de los Cantares	Hch—Hechos
Ex—Exodo	Sab—Sabiduría	Rom—Romanos
Lev—Levítico	Eclo—Eclesiástico	1 Cor—1 Corintios
Nm—Números	Is—Isaías	2 Cor—2 Corintios
Dt—Deuteronomio	Jer—Jeremías	Gal—Gálatas
Jos—Josué	Lam—Lamentaciones	Ef—Efesios
Jue—Jueces	Bar—Baruc	Flp—Filipenses
Rut—Rut	Ez—Ezequiel	Col—Colosenses
1 Sam—1 Samuel	Dan—Daniel	Filem—Filemón
2 Sam—2 Samuel	Os—Oseas	1 Tes—1 Tesalonicenses
1 Re—1 Reyes	Jl—Joel	2 Tes—2 Tesalonicenses
2 Re—2 Reyes	Am—Amós	1 Tim—1 Timoteo
1 Cro—1 Crónicas	Abd—Abdías	2 Tim—2 Timoteo
2 Cro—2 Crónicas	Jon—Jonás	Tit—Tito
Esd—Esdras	Mi—Miqueas	Heb—Hebreos
Neh—Nehemías	Nah—Nahum	Sant—Santiago
Tob—Tobías	Hab—Habacuc	1 Pe—1 Pedro
Jdt—Judit	Sof—Sofonías	2 Pe—2 Pedro
Est—Ester	Ag—Ageo	Jds—Judas
1 Mac—1 Macabeos	Zac—Zacarías	1 Jn—1 de Juan
2 Mac—2 Macabeos	Mal—Malaquías	2 Jn—2 de Juan
Job—Job	Mt—Mateo	3 Jn—3 de Juan
Sal—Salmos	Mc—Marcos	Ap—Apocalipsis
Prov—Proverbios	Lc—Lucas	N.E.—Nota Editorial
Ecl—Eclesiastés	Jn—Juan	

El diseño de la cubierta por Ann Blattner. La Basílica de la Agonía en el Monte de Olivas. Todas las fotos por Hugh Witzman, O.S.B.

Nihil obstat: Juan I. Alfaro, *Censor deputatus.*

Imprimatur: ✛ Patricio F. Flores, Arzobispo de San Antonio, Texas, el 22 de septiembre de 1987.

El texto de la biblia está tomado de la BIBLIA LATINOAMERICANA. © de Ramón Ricciardi, Bernardo Hurault, 1972, y Sociedad Bíblica Católica Internacional, Madrid. *Nihil obstat:* Alfonso Zimmerman, C.ss.R., *Imprimatur:* ✛ Manuel Sánchez B., Arzobispo de Concepción, Chile. No está permitido reproducir el texto de la BIBLIA LATINOAMERICANA sin permiso de la Sociedad Bíblica Católica Internacional. Derechos reservados.

© 1994 The Order of St. Benedict, Inc., Collegeville, Minnesota. No está permitido reproducir ninguana parte del comentario de *El Evangelio de San Marcos* en este libro sin licencia de The Order of St. Benedict, Inc. Derechos reservados.

Impresso en los Estados Unidos.

Library of Congress Cataloging-in-Publication Data

Van Linden, Philip.
  [Gospel according to Mark. Spanish]
  El Evangelio de San Marcos / Philip Van Linden; traducido por
Rosa María Icaza.
      p.   cm. — (Comentario biblico de Collegeville. Nuevo
Testamento ; 2)
  Includes text of the Gospel of Mark.
  ISBN 0-8146-1761-1
  1. Bible. N.T. Mark—Commentaries.   I. Bible. N.T. Mark.
Spanish. 1994. II. Title. III. Series: Collegeville Bible
commentary. Spanish ; 2.
  BS2585.3.V3618 1994
  226.3'077—dc20   94-10643
                                                                    CIP

INDICE

Prefacio

Mi experiencia a través de los años me ha convencido de que el evangelio de San Marcos tiene un efecto más profundo en sus lectores cuando se lee de *una sola sentada*, de principio a fin (1:1-16:8). Teniendo esto en cuenta les invito a los interesados en el evangelio de San Marcos a que lo lean en su totalidad antes de meditar sobre sus partes individuales. Mi breve introducción sirve para ayudar a los cristianos de hoy a apreciar el drama general y el ritmo del evangelio. Después de ver la manera en que Marcos desarrolla ciertos caracteres y temas, según va progresando su drama hasta el climax, sus lectores se verán desafiados a afirmar en sus propias vidas lo que significa el decir que "Jesús ha resucitado y vive entre nosotros". Ese fue el propósito de Marcos al recoger tantas escenas de la vida y del mensaje de Jesús. Trató de introducir a sus lectores a la dinámica de un encuentro de fe con el Señor vivo y resucitado.

La preparación de este comentario sobre el evangelio de San Marcos ha sido para mí una experiencia espiritual. Sin embargo, esto no me sorprendió, puesto que ya había sucedido antes, a mí y a otros lectores de este evangelio a través de los siglos. Mi esperanza es que los que lean el drama de Marcos hoy, en su totalidad y en sus partes individuales, también experimenten mucho crecimiento en su trato con el Señor resucitado, que vive en medio de ellos.

PHILIP VAN LINDEN, C.M.
Seminario De Andreis
Lemont, Illinois

El Evangelio de San Marcos

Introducción

El Evangelio de San Marcos: uno de los cuatro retratos de Jesús

La mayoría de los peritos contemporáneos del Nuevo Testamento opinan que el evangelio de San Marcos fue el primero que se escribió, y fue, además, la fuente que usaron Mateo y Lucas al componer sus evangelios. (El evangelio de San Juan, parece que se desarrolló de una tradición que no conocía los otros tres evangelios.) El propósito de Dios al inspirar a *cuatro* evangelistas no fue especialmente para "preservar los hechos" acerca de la vida de su Hijo en la tierra: fue más bien por las muchas diferentes necesidades de su Pueblo, la comunidad cristiana recientemente formada del siglo primero: Dios escogió a varios creyentes para comunicar su "Buena Nueva" acerca de Jesús de tal manera que ofreciera respuesta a las diferentes necesidades de su Pueblo.

La comunidad cristiana de hoy también está compuesta de personas con gran variedad de necesidades espirituales, y su fe puede ser alimentada por los cuatro "retratos de Jesús" inspirados a Marcos, Mateo, Lucas, y Juan. Cuando los cristianos escogen encontrar al Jesús de Marcos, se encuentran con ese lado de Jesús que es el más sencillo de los cuatro y el más exigente. Descubren que la versión de Marcos de la vida de Jesús se centra en su muerte y en el significado del sufrimiento. Cuando se disponen a seguir a Jesús como lo presenta Marcos, se dan cuenta de que también ellos están invitados a darle significado a la vida (y a la muerte) como él lo hizo, es decir, con una confianza radical en Dios y con el servicio amoroso a las necesidades de los demás.

Una ojeada al Evangelio de Marcos en su totalidad

El plan general y el marco del evangelio de San Marcos es sencillo pero cautivador. Conforme se desenvuelve el drama, los lectores se sienten envueltos en el misterio de lo que Jesús es, y de lo que significa ser su discípulo. El evangelio se desarrolla gradualmente en tres etapas. En la *primera etapa* (cc. 1–8), los lectores de Marcos son llamados a una relación personal con el poderoso sanador y predicador, Jesús de Nazaret. Durante esta primera etapa, ninguno parece entender la verdadera identidad de

Jesús, ni aún sus discípulos. De repente, en el encuentro de Cesarea de Filipo, lo que se había insinuado antes (p.e., 3:6 "buscaron . . . la forma de neutralizar a Jesús"), se hace claro: "El Hijo del Hombre debía sufrir mucho y ser rechazado . . . que iba a ser condenado a muerte y que resucitaría después de tres días" (8:31). En este primer climax del evangelio, los lectores de Marcos también se dan cuenta de que el camino de Cristo es el camino del cristiano (8:34 "Si alguno quiere seguirme . . ."). También el camino de la cruz es para ellos.

La *segunda etapa* del evangelio de San Marcos (cc. 9–15) revela gradualmente a sus lectores las exigencias concretas del discipulado cristiano auténtico. Esto se resume mejor en 10:45, donde Jesús dice: "El Hijo del Hombre no vino a ser servido sino a servir—para dar su vida como rescate de muchos". Y esto es precisamente lo que sucede en el segundo climax del evangelio, cuando Jesús muere por su pueblo (cc. 14–15).

La muerte de Jesús, sin embargo, no es el fin. La *tercera etapa* del evangelio de San Marcos empieza con la proclamación de la resurrección de Jesús y el anuncio de su ida a Galilea delante de los discípulos (16:6-7). Es ante la tumba vacía donde los lectores de Marcos toman el lugar de los primeros discípulos de Jesús y se convierten en caracteres principales de su drama evangélico (16:8). Al terminar su evangelio, Marcos desafía a los lectores, de manera dramática, a responder confiadamente a Jesús en sus vidas, y no con el "miedo y temblor" de las mujeres. La tercera etapa del evangelio de San Marcos continúa en la vida de la iglesia, hasta que el Señor resucitado vuelva.

Los caracteres y temas del evangelio de San Marcos

La narración de Marcos sobre el ministerio, la muerte y la resurrección de Jesús, recalca ciertos temas que fueron de gran importancia en la iglesia primitiva. Todavía es importante que las comunidades cristianas del siglo veinte mediten sobre ellos: (1) la *humanidad* de Jésus; (2) la *confianza* como corazón del discipulado; y (3) el *servicio a los demás* como camino diario para tomar el cáliz y la cruz de Jésus.

1) De los cuatro retratos evangélicos de Jesús, el de San Marcos es el que mejor revela el *lado humano de Jesús*. Aunque el Jesús de Marcos pasa la mayor parte del tiempo haciendo increíbles obras de misericordia, lo cual revela que El es Hijo de Dios, también aparece como el Señor más humano. Sólo San Marcos presenta los detalles que hacen resaltar lo tajante (1:25), profundamente herido y enojado (3:5), o indignado (10:14) que pudo ser Jesús con los que le rodeaban. Solo San Marcos añade el detalle tierno a la historia de la resurrección de la niña en su lecho de muerte: Jesús les mandó a los padres que "dieran de comer a la niña"

(5:43). Sólo el Jesús de Marcos "miró (al joven rico) *con amor*" (10:21) antes de exigirle que dejara todo para seguirle. El Jesús de Marcos se siente con frecuencia desanimado al no lograr que sus discípulos le entiendan a él y su misión (p.e., 4:13; 8:14-21). Marcos revela un Jesús que es al mismo tiempo el poderoso Hijo de Dios y un ser profundamente humano. Los lectores de Marcos sentirán que el Jesús de este evangelio es muy acogedor, porque él ha experimentado la vida como ellos, con todas sus decepciones y sus amores, con todos sus gozos y tristezas.

2) San Marcos cree que la señal principal del discipulado de Jesús es la *confianza*. Desafia a sus lectores de manera muy directa a una confianza radical en el Señor resucitado. En todo su evangelio, retrata a los primeros discípulos de Jesús como "tardos para comprender" y aún "ciegos". El Jesús de Marcos busca confianza en quien *es él*, pero los discípulos responden con "sorpresa y miedo" ante lo que *él hace*. Ven lo que Jesús es a un nivel (su Mesías-Salvador, que les da pan en 6:34-44 y 8:1-10); pero están ciegos a otro nivel (su Mesías-Siervo Doliente, que les da vida por su muerte en 10:35-45). El Jesús que podia dar vista a los físicamente ciegos, (8:22-26; 10:46-52) no podía dar visión y comprensión a sus más íntimos seguidores.

La ceguera de los discípulos de Jesús es uno de los hilos trágicos de la narración de Marcos. Al presentarlos de esta manera, sin embargo, Marcos espera que sus lectores cristianos puedan *ver*, mejor que los primeros discípulos de Jesús. Espera que confíen en Jesús, no como en el "Mesías que lo sana todo al instante", sino como en el que con su muerte da significado a la vida y al sufrimiento que ellos experimentan.

3) El último grupo de imágenes que nos da San Marcos se relaciona muy de cerca con su presentación del Jesús humano y de los discípulos ciegos. El desafío de Jesús a confiar en El, *lleva al cáliz y a la cruz*. Concretamente, en la vida diaria, el cáliz y la cruz de Jesús se concretizan en hacerse "el servidor de todos" (10:44). Aunque el evangelio de San Marcos no nos da listas largas de "cómo" servir a Dios y a los demás, los lectores no pueden menos de ver en el Jesús de Marcos un modelo del siervo que se sacrifica por todos. Saben que deben aprovechar cada oportunidad para servir a los demás en caridad si desean ser sus discípulos.

En el huerto de Getsemaní, los temas principales del evangelio de San Marcos aparecen unidos. Allí, en la agónia, el Jesús humano está abrumado por un gran "temor y angustia" (14:33). El que ha urgido a sus discípulos a que confíen solamente en Dios, se siente desanimado: "Padre . . . aparta de mí este cáliz". Pero, mientras sus discípulos duermen, Jesús continúa su oración con gran fe: "Pero no: no se haga lo que yo quiero, sino lo que quieras tú" (14:36). Cualquiera que busque el significado de la vida cristiana, y del discipulado, en el evangelio de San Marcos, puede tomar el pasaje de Getsemaní (14:32-42) y escuchar allí todo un resumen: "Entrégate al Mesías doliente; confía como él confío, aunque él hubiera preferido no confiar. Unete a él respondiendo a las necesidades de tus hermanos y hermanas, aún hasta la muerte".

El Evangelio de San Marcos en la liturgia

Durante siglos, la mayoría de las lecturas para las celebraciones eucarísticas de los domingos se escogieron del evangelio de San Mateo. Con la renovación de la liturgia después del Concilio Vaticano Segundo, se reestructuraron los evangelios que deben ser proclamados los domingos. El evangelio de San Marcos ocupa el "Ciclo B", y se lee casi todos los domingos de enero a noviembre cada tres años (1988, 1991, 1994, etc.). Durante las eucaristías diarias, el evangelio de San Marcos se lee más regularmente (diariamente, cada año, durante las ocho semanas que preceden a la Cuaresma). Consecuentemente, al disponernos a oír la liturgia de la Palabra, los cristianos podemos ahora familiarizarnos con la persona y el mensaje del evangelio de San Marcos, en unión con todos los que comparten la liturgia de la iglesia. Con todo el pueblo de Dios, somos invitados a seguir al Jesús de Marcos desde su bautismo y primer sermón (1:7-11 y 1:14-20: Tercer domingo del tiempo ordinario) hasta sus últimos días previos a la pasión (13:24-32: Domingo veintitrés del tiempo ordinario). La experiencia litúrgica del evangelio de Marcos puede ser muy formativa de la relación de la iglesia con Jesús. También puede servir como un llamado semanal, casi diario, a entregarse al servicio de los demás, que es la marca del cristiano de Marcos.

El autor y su tiempo: Mensaje urgente

Según algunos Padres de la Iglesia primitiva (p.e., Papías, A.D. 135; Ireneo, A.D. 200; y Orígenes. A.D. 250), el "Evangelio según Marcos" fue la obra de un compañero e intérprete de San Pedro. Los Hechos de los Apóstoles asocian a un cierto "Juan Marcos" con Pedro (Hechos 12:12), y la Primera Carta de San Pedro concluye con una exhortación de Pedro y saludos de "mi hijo Marcos" (1 Pe 5:13). La mayoría de los eruditos de hoy cree que la tradición sobre la influencia de Pedro en el evangelio de Marcos fue más práctica que histórica, esto es, tal tradición aseguró para este evangelio autoridad apostólica ("¡Llegó a la iglesia por Pedro, a través de Marcos!"), lo cual era tan importante en los años formativos de la iglesia. Del evangelio mismo, solamente es posible identificar a su autor como un miembro celoso (¿pastor?) de la segunda generación de la iglesia, que parece escribir cerca del tiempo de la destrucción de Jerusalén por los soldados romanos el año 70 (véase especialmente 13:1-23 para descubrir algunas indicaciones sobre estas fechas).

También parece evidente, al leer el evangelio de San Marcos, que su mensaje es muy urgente. Parece que Marcos y su comunidad pertenecían a esa parte de la comunidad cristiana primitiva que creía que Jesús regresaría muy pronto, *como El lo dijo* (9:1; 13:30-31). A fin de estar alerta y listos para su glorioso regreso como "Hijo del Hombre viniendo en medio de las nubes . . . para reunir a sus elegidos" (13:26-27), San Marcos urge a los cristianos a aprender de su Jesús el significado del discipulado radical y actual, como si no hubiera un mañana.

Y asi comienza, "la Buena Nueva de Jesucristo, Hijo de Dios", según San Marcos.

El Evangelio de San Marcos

Texto y Comentario

I. PROLOGO: PREPARACION PARA EL MINISTERIO DE JESUS

1 ¹Comienzo de la Buena Nueva de Jesucristo, Hijo de Dios. ²En el libro del profeta Isaías está escrito: "Ahora mando a mi mensajero delante de ti, para prepararte el camino. ³Escuchen ese grito en el desierto: Preparen el camino del Señor, enderecen sus senderos". ⁴Y así sucedió: Juan Bautista se presentó en el desierto. Y predicaba al

"COMIENZO DE LA BUENA NUEVA"

Marcos 1:1-45

El evangelio de San Marcos empieza con un título poderoso. En su primer versículo, Marcos anuncia su creencia que *Jesús de Nazaret,* que vivió en Palestina por unos treinta años, curando a los enfermos, enseñando la bondad de Dios, y que fue crucificado entre ladrones, *está en verdad vivo y es el Cristo resucitado, el Hijo de Dios.*

Marcos a diferencia de Mateo y Lucas, no cuenta nada sobre la infancia de Jesús; en cambio, introduce a sus lectores, inmediatamente al Jesús adulto por medio de su precursor, Juan Bautista. Los lectores de Marcos son introducidos rápidamente al drama del ministerio público de Jesús. Son testigos del poder milagroso de Jesús y de los conflictos que se entablan con los que no entienden la misión de su vida. El drama que comienza aquí, en el capítulo 1, se desarrollará después en el ministerio final de conflicto y poder, la muerte y resurrección de Jesús. En el Jesús crucificado y resucitado, Marcos y sus lectores cristianos encuentran la fuente de su esperanza y fortaleza para vivir como él vivió.

1:1 El Hijo de Dios. El primer versículo de Marcos encierra más significado que el que una lectura rápida pudiera sugerir. Es mucho más que un título, que anuncia al personaje central del evangelio: Jesucristo, el Hijo de Dios. Además nos da la clave para entender los siguientes dieciséis capítulos. Así, al final del evangelio, encontraremos el único pasaje donde un ser humano proclama que Jesús es Hijo de Dios (el centurión que asistió a la muerte de Jesús, en 15:39). Esto prepara a los lec-

pueblo, hablando de bautismo y de conversión para alcanzar el perdón de los pecados. ⁵Acudía a él gente de toda la región de Judea, y todos los habitantes de Jerusalén. Confesaban sus pecados y Juan los bautizaba en el río Jordán. ⁶Juan llevaba un vestido hecho de pelos de camello con un cinturón de cuero, y comía langostas y miel de abeja silvestre. ⁷Juan decía muy claro: "Detrás de mí viene otro mucho más grande que yo. Me sentiría muy honrado si se me permitiera arrodillarme para desatar la correa de su calzado. ⁸Pues yo los bauticé con agua, pero él los bautizará en el Espíritu Santo".

⁹En esos días, Jesús vino de Nazaret, pueblo de Galilea, y se hizo bautizar por Juan en el río Jordán. ¹⁰Cuando salió del agua, los Cielos se rasgaron para él y

tores de Marcos para que examinen sus propias convicciones de fe sobre Jesús de Nazaret. Según San Marcos, nadie pudo reconocer la verdadera identidad de Jesús mientras vivió con él y fue testigo de su poderosa enseñanza y de sus curaciones. En este primer versículo, Marcos da a sus lectores la clave para el fin y propósito de todo su evangelio: conocer a Jesús como Hijo de Dios es creer que es el Mesías doliente, que murió en la cruz y que ahora vive como su Señor resucitado. El Jesús de San Marcos pide a sus discípulos que le sigan en su vida por el mismo camino —el camino de servicio amoroso, aún hasta la muerte.

1:2-8 Juan señala a Jesús. Juan Bautista tiene solamente una función en el evangelio de San Marcos: El es quien señala a Jesús como Mesías. Su llamado a la conversión a Dios a través del bautismo y del perdón de los pecados, así como su vestidura y alimento, lo hacen un nuevo Elías (véase 2 Re 1:8) enviado por Dios "para preparar los caminos del Señor". Juan Bautista reconoce que uno más poderoso vendrá después de él. Aunque Jesús será bautizado por Juan, es evidente que Juan conoce su papel subordinado en el drama de Jesús. Al desarrollar la narración, Marcos presentará a Juan Bautista otra vez, en 6:14-29. Allí, con su muerte a manos del rey Herodes, Juan cumplirá su papel anunciando la muerte de Jesús, así como aquí, su bautismo con agua, señala el bautismo de Jesús "en el Espíritu Santo". Toda la vida y la muerte valiente de Juan Bautista apuntan a Jesús de Nazaret. El es el testigo modelo y perfecto de Cristo para los lectores de Marcos.

1:9-11 Dios confirma la predicación de Juan. Lo que señala Juan Bautista en su predicación es confirmado por Dios mismo. Aunque Jesús viene de Nazaret para ser bautizado por Juan en el Río Jordán (Mateo, Lucas, y Juan reducen el papel de Juan en el bautismo de Jesús), Marcos expresa claramente que es Dios mismo quien bendice a Jesús, y le dice "Tú eres mi Hijo, el Amado; tú eres mi Elegido". Del mismo modo Dios ha descendido sobre los cristianos en su bautismo, haciéndolos hijos e hijas favoritos suyos. Conforme los lectores de Marcos siguen al Hijo, aprenden a

vio al Espíritu Santo que bajaba sobre él como paloma. ¹¹Y del Cielo llegaron estas palabras: "Tú eres mi Hijo, el Amado; tú eres mi Elegido".

¹²En seguida el Espíritu lo empujó al desierto. ¹³Allí permaneció cuarenta días y fue tentado por Satanás. Vivía entre los animales salvajes, pero los ángeles le servían.

II. EL MISTERIO DE JESUS

¹⁴Después que tomaron preso a Juan, Jesús fue a la provincia de Galilea y empezó a proclamar la Buena Nueva de Dios. ¹⁵Hablaba en esta forma: "El plazo está vencido, el Reino de Dios se ha acercado. Tomen otro camino y crean en la Buena Nueva".

¹⁶Jesús caminaba por la orilla de lago de Galilea. Ahí estaban Simón y su hermano Andrés, echando sus redes en el mar, porque eran pescadores. ¹⁷Jesús los vio y les dijo: "Síganme, que yo los haré pescadores de hombres". ¹⁸Y con eso, dejaron sus redes y empezaron a seguirlo.

---

ser como él. Ven cómo él deja que el Espíritu de su Bautismo lo guíe hasta el "bautismo de dolor" a fin de su vida de servicio (10:35-45).

1:12-15 Comienza el viaje de Jesús. La versión de San Marcos sobre la tentación en el desierto es mucho más corta que la de Mateo y Lucas. Su brevedad, sin embargo, hace más directo su significado. El Espíritu lleva a Jesús al desierto. Allí es tentado y probado por Satanás durante cuarenta días, como el pueblo de Israel fue probado antes que él; Jesús es protegido por Dios por medio de sus ángeles. Los dos versículos de Marcos afirman sencillamente que Jesús ha superado la prueba y está preparado para su breve pero salvadora vida de servicio a Dios y a la humanidad. Las experiencias de tentación y debilidad no eran desconocidas al Hijo de Dios. Marcos les dice así a sus lectores que el Espíritu de Jesús está con ellos protegiéndoles en sus debilidades, como Dios estuvo con él en su experiencia del desierto.

Cuando Juan Bautista es apresado (v. 14), el trabajo de Jesús comienza. "La Buena Nueva de Jesucristo, el Hijo de Dios", según San Marcos, principia en el versículo 1. Ahora la "Buena Nueva de Dios" comienza, cuando se oyen las primeras palabras de Jesús: "El plazo está vencido" (v. 15). Sí, dice Marcos, el reinado del poder de Dios ha comenzado en Jesús, que es la Buena Nueva de Dios en persona. El anuncio de Jesús debía de haber entusiasmado a los fieles israelitas de su día. Pero, inmediatamente, él une la Buena Nueva con un llamado, igualmente importante, que exige una respuesta radical: "Por lo tanto, reformen sus vidas y pongan su confianza en el evangelio de Dios que yo traigo". En estas breves y primeras palabras del ministerio de Jesús, San Marcos condensa el mensaje del evangelio que Jesús predicó: el poder de Dios mismo es dado a todos aquellos que se entregan a Jesús y a su camino evangélico de servicio amoroso.

¹⁹Poco más allá, Jesús vio a Santiago, hijo de Zebedeo, con su hermano Juan. También ellos estaban en su barca y arreglaban las redes. ²⁰De inmediato Jesús los llamó, y partieron tras él, dejando a su padre Zebedeo en la barca con los ayudantes. ²¹Fueron hasta Cafarnaún. Allí Jesús empezó a comunicar su doctrina en las asambleas del día sábado, en la Casa de

1:16-20 La vocación de los cuatro primeros discípulos. Jesús, que acaba de empezar su predicación del reinado de Dios y de conversión, hace efectivo lo que predica. Inmediatamente después de que Jesús dice "síganme" a los hermanos Simón y Andrés, Santiago y Juan, ellos se separan de sus familias y de su trabajo de pescadores para seguirle. Marcos muestra lo poderoso y directo que es el llamado de Jesús a compartir su misión ("Yo los haré pescadores de hombres"). También propone como modelo para sus lectores la respuesta inmediata y total de los cuatro. Pero si los lectores de Marcos han de recibir el impacto pleno de este pasaje, es muy importante que estén conscientes de cómo Simón (llamado Pedro por Jesús en 3:16), Santiago, y Juan responderán más adelante en el evangelio. (Andrés es nombrado sólo tres veces más: cuando la suegra de Simón es curada, en 1:29; cuando Jesús lo cuenta entre los Doce, en 3:18; cuando está con Pedro, Santiago, y Juan, otra vez, hablando con Jesús acerca del final del templo, en 13:3.)

Esta primera relación de Pedro, Santiago, y Juan con Jesús es sólo el comienzo de un viaje estimulante y lleno de tensión. Estos tres serán los únicos a quienes les permita Jesús que compartan cuatro experiencias en las cuales él revelará más claramente el poder y la finalidad de su vida (curando y dando vida, en 1:29-31 y 5:37-43; la transfiguración gloriosa, en 9:2-13; el mensaje sobre los tiempos futuros, en 13:1-37). Al mismo tiempo, ellos serán los que menos comprenderán a Jesús y los que le fallarán en los momentos más íntimos con él (Pedro en Cesarea de Filipo, en 8:27-33; Santiago y Juan al pedir los "primeros lugares", en 10:35-45; los tres, en el huerto de Getsemaní, en 14:32-42; la negación de Pedro, en 15:66-72).

La respuesta generosa y total de los discípulos en este pasaje, vista a la luz del drama completo de San Marcos, envuelve a los lectores del evangelio en una tensión que se observará una y otra vez conforme se desarrolle el viaje con Jesús. Para Marcos, el "seguir" a Jesús y el unirse a su misión significa seguir con entusiasmo un camino vivificante de agotadora confusión, de un poder y una impotencia abrumadoras. Es una invitación a responder, "Sí, lo dejo todo y te sigo", no solamente en una experiencia radical de conversión, sino continuamente, hasta el final.

1:21-28 Sorprendidos e impresionados por su enseñanza y poder. Los lectores de Marcos no entienden lo que Jesús enseña en la sinagoga de

Oración. ²²Su manera de enseñar impresionaba mucho porque hablaba como quien tiene autoridad: era todo lo contrario de los maestros de la Ley. ²³En una ocasión se encontraba en esta sinagoga un hombre que estaba en poder de un espíritu malo. Y se puso a gritar: ²⁴"¿Qué quieres de nosotros, Jesús de Nazaret? ¿Has venido a derrocarnos? Yo te he reconocido: Tú eres el Santo de Dios". ²⁵Jesús le hizo frente con autoridad: ²⁶"¡Cállate y sal de este hombre!" El espíritu malo hizo revolcarse al hombre en el suelo y lanzó un grito tremendo, pero luego salió.

²⁷Entonces el asombro de todos fue tan grande que se preguntaban unos a Cafarnaún, pero sí se dan cuenta de *cómo* enseña ("con autoridad", vv. 22 y 27), y *qué efecto* tiene su poderosa enseñanza (la gente estaba "impresionada" y "sorprendida", vv. 22 y 27; el espíritu impuro fue vencido, v. 26). La frase "enseñaba con autoridad" (se encuentra dos veces, en el v. 22 y en el v. 27) indica que Marcos quiere que se vean los hechos de la primera enseñanza y de la primera acción poderosa de Jesús, como íntimamente relacionados. ¡No sólo habla con autoridad—sino que también obra con poder¡.

Es importante saber que para Marcos y sus cristianos del siglo primero, el "espíritu inmundo" (v. 23) y otros "demonios" (véase 1:32; 3:11, 15, 22; 5:2, etc.), representaban el mal, los poderes misteriosos hostiles a Dios, a la salud y a la bondad. Estos demonios eran considerados tan perceptivos y poderosos que podían conocer quién era un representante del poder de Dios. Aquí, el "espíritu inmundo" revela a Jesús como "el Santo de Dios" (v. 24), y con astucia trata de impedir su misión benéfica. Los dos mandatos de Jesús son más tajantes y fuertes que lo que pide el espíritu inmundo. Porque *la palabra de Jesús produce lo que dice*, el espíritu malo sale del hombre, gritando por última vez al caer derrotado (v. 26). Los que presenciaban esto "con admiración" reconocieron la autoridad del maestro, y sin embargo se preguntaban, "¿Qué es esto?" (v. 27).

San Marcos aquí quiere que sus lectores confíen en su Señor como maestro y sanador. Sin embargo, la alusión a la sorpresa de la gente (v. 27), que llevó a que la fama de Jesús se extendiera por toda Galilea (v. 28), también tiene otro fin. Es precisamente la respuesta de la gente al quedar *admirada* (1:27 y 5:20), o *asombrada* (2:12), o *estupefacta* (5:42), la que llevará luego a otras fuerzas hostiles a buscar cómo destruir a Jesús (véase 6:14-29, donde Herodes se siente amenazado por la reputación de Jesús y termina degollando a Juan Bautista). Marcos busca de sus lectores más que el simple asombro; quiere que estén alertas para cuando Jesús se revele a sí mismo en modo menos atractivo. "¿Se asombrarán ustedes cuando Jesús comience a enseñar que el Hijo del Hombre tiene que sufrir

"Venid detrás de mí; yo os haré pescadores de hombres" (Mc 1:17).

Costa del mar de Galilea

Ruinas de la sinagoga en Capernaum, probablemente construida en el sitio de la sinagoga en la que Jesús enseñó (Mc 1:17)

Ruinas de casas particulares en Capernaum, entre las cuales se encuentra la casa de Pedro (Mc 1:29)

otros: "¿Qué es esto? ¡Con qué seguridad enseña esta nueva doctrina! Incluso le obedecen los espíritus malos". ²⁸A raíz de esto, la fama de Jesús se extendió por todo el territorio de Galilea. ²⁹Cuando la gente salío de la Casa de Oración, Jesús se vino a la casa de Simón y Andrés, con Santiago y Juan. ³⁰La suegra de Simón estaba en cama con fiebre, por lo que, muy luego, le hablaron de ella. ³¹Jesús se acercó y la levantó, tomándola de la mano. Se le quitó la fiebre, y, luego, se puso a atenderlos.

³²Pero al atardecer, cuando el sol se ponía, ya estaban trayendo a Jesús todos los enfermos y las personas con espíritus malos: ³³el pueblo estaba ahí

mucho, y ser rechazado por los notables, los jefes de los sacerdotes para ser condenado a muerte, y resucitar después de tres días (8:31)? ¿Lo reconocerán ustedes realmente cuando cuelgue en la cruz, abandonado por casi todos los seguidores que habían quedado asombrados ante las primeras señales de su poder?''

Los seguidores del Jesús de Marcos pueden tener mucha confianza en Jesús, el taumaturgo que hace prodigios, pero los que quieran seguir al "asombroso" deben también ir por el camino que él va. Deben negarse a sí mismos, tomar su cruz, y seguirlo (8:34).

1:29-31 La suegra de Simón. "Inmediatamente", dice Marcos en el versículo 29, Jesús pasa de su primer milagro poderoso al siguiente. La visita a la suegra de Simón se convierte en una segunda señal de que el reinado de Dios, el reino de todo bien, está presente en él. En 1:25 Jesús sanó con una palabra; aquí cura la enfermedad con el tacto (1:31). Su toque salva tanto como su palabra. El hecho de que la curación de la mujer es inmediata y total se ve claro al decir Marcos en el versículo 31 que ella reanuda los deberes de la hospitalidad, sirviendo ella misma a los huéspedes.

1:32-34 El Mesías y su secreto. El primer día del ministerio de Jesús no terminó con la puesta del sol. Esa noche "todo el pueblo" se juntó alrededor de él con sus enfermos y endemoniados. El primer día de predicación y sanación les había infundido la esperanza de que Dios está obrando entre ellos. Después de que Jesús curó a muchos, los lectores de Marcos por primera vez oyen la curiosa frase "pero no los dejaba hablar, porque sabían quien era" (v. 34). Esto recuerda a los lectores del evangelio el "cállate" del 1:25 y los prepara para lo que van a leer con frecuencia en el evangelio de Marcos (1:44; 3:12; 5:43; 7:36; 8:26; 8:30; 9:9). San Marcos presenta a Jesús muy reservado en lo que toca a su reputación de obrar milagros. Esta reserva se llama el "secreto mesiánico". Al hacer hincapié en este secreto tocante a la identidad de Jesús como Mesías, San Marcos espera que sus lectores cristianos acepten la verdadera identidad de Jesús, de acuerdo con él, en el contexto de toda su vida y

reunido, delante de la puerta. [34]Jesús sanó a muchos enfermos con dolencias de toda clase; también echó a muchos demonios, pero no los dejaba hablar, porque sabían quién era. [35]De madrugada, cuando todavía estaba muy oscuro, Jesús se levantó, salió y fue a un lugar solitario, donde se puso a orar. [36]Simón y sus compañeros fueron a buscarlo y, [37]cuando lo encontraron, le dijeron: "Todos te buscan". [38]Y él les contestó: "Sigamos más allá y vamos a los pueblecitos vecinos, y yo predicaré también allí. He salido para esto precisamente". [39]Jesús, pues, empezó a visitar las Casas de oración que había en esos lugares y recorrió toda Galilea: predicaba y echaba a los demonios.

[40]Se le acercó un leproso que se arrodilló y suplicó a Jesús: "Si quieres, puedes limpiarme". [41]Jesús tuvo compasión, extendió la mano, lo tocó y le dijo: "Yo lo quiero; queda limpio". [42]Al instante se le quitó la lepra y quedó sano.

[43]Entonces Jesús lo despidió, pero le mandó enérgicamente: [44]"No se lo digas a nadie; preséntate al sacerdote y le darás por tu purificación lo que ordena la Ley de Moisés. Así comprobarán lo sucedido".

Pero el hombre, en cuanto salió, empezó a hablar y a contar detalladamente todo el asunto. [45]Resultó que

misión. El Jesús de Marcos se revelará a sí mismo como un Mesías al no tener poder ninguno clavado en la cruz. Los cristianos son libres para proclamar a Jesús como su Mesías y Señor sólo cuando aceptan su camino mesiánico de sufrimiento a la vez que sus milagros.

1:35-39 Se propaga la Buena Nueva. Jesús se levanta temprano y se va a un lugar desierto a orar solo (v. 35), porque sabe que la gente lo busca sólo por su poder milagroso. No lo han comprendido, y por lo tanto debe pasar a lugares vecinos y continuar su ministerio de predicación y sanación por toda Galilea (v. 39). Ni aún Simón puede detenerlo, porque ni Simón comprende a dónde llevan los caminos de Jesús. Quizás los lectores de Marcos, que ya conocen el final del camino, sacarán mucho provecho de sus propias experiencias de oración en el desierto con "el Mesías incomprendido".

1:40-45 El leproso es curado y no entiende. La curación del leproso es una escena muy especial, llena de contrastes marcados. Es una conclusión apropiada para el primer capítulo del evangelio de San Marcos. Una persona a quien normalmente se le prohíbe todo contacto con gente sana, se acerca directamente al poderoso pero incomprendido Mesías. Este marginado confía en Jesús y se encuentra con la piedad y el poder de su palabra y acción. Sin embargo, la alegría del leproso al ser curado es aminorada por la insistente prohibición de revelar el secreto mesiánico de Jesús: "¡No se lo digas a nadie!" (v. 44). (Sólo debe saberlo el sacerdote, porque sólo su palabra puede permitir al marginado volver a entrar en la sociedad de la cual su enfermedad le había excluído.)

Jesús ya no podía entrar públicamente en el pueblo; tenía que andar por las afueras, en lugares apartados. Pero de todas partes llegaban a donde él estaba.

2 ¹Tiempo después, Jesús volvió a la ciudad de Cafarnaún y se supo que estaba en casa. ²Se reunió tanta gente que no quedaba lugar ni siquiera de-

En lugar de obedecer el mandato de Jesús, el hombre curado se lo dice a todos, por lo que la misión de Jesús se ve frustrada en el momento en que comienza: "Resultó que Jesús ya no podía entrar públicamente en el pueblo" (v. 45). Con esta historia final del capítulo 1, San Marcos pide a todos los cristianos que tomen en serio la palabra de Jesús. Les pide que lo acepten tal como él es, a lo largo de su camino y a su propio paso. El ser cristiano es responder a la palabra de Jesús con fidelidad, bien sea: "Queda sano" o "¡No se lo digas a nadie!"

JESUS EN CONFLICTO

Marcos 2:1–3:6

En el primer capítulo de Marcos, Jesús aparece como el maestro y el sanador que atrae a los enfermos, posesos, y necesitados de "todas partes" (1:45). Ahora, en esta sección de cinco escenas muy interrelacionadas (2:1–3:6), la actividad de Jesús a favor de los necesitados atraerá la atención escudriñadora y la ira amenazadora de los escribas y fariseos, que aparecen por primera vez en el evangelio.

Marcos, en su drama, continúa retratando al Jesús poderoso, cuya "enseñanza con autoridad" (1:27) todavía produce curaciones milagrosas. Pero hay algo más. Ahora es evidente que Jesús dice que puede perdonar pecados (2:5) y que es el "dueño del sábado" (2:28); esto resulta en un conflicto abierto con los líderes religiosos de su tiempo.

A medida que los lectores de Marcos siguen su camino con Jesús desde la curación del paralítico (2:1-12) hasta la curación del hombre con la mano seca (3:1-6), van sintiendo una tensión creciente. Se sentirán llenos de animosa alegría por el poderoso pero tierno amor de Jesús a los necesitados y marginados. Se llenarán de orgullo al oír las sabias enseñanzas de su Señor, que lograrán silenciar a sus sabios antagonistas. Al mismo tiempo, presentirán las dificultades a las que lo llevarán esos "encuentros exitosos". Presentirán que el Hijo del Hombre está ya bajo la sombra de la cruz, aún antes de que Marcos lo haga claro en 3:6, cuando concluye esta sección: "Los fariseos apenas salieron, fueron a ver a los partidarios de Herodes y buscaron con ellos la forma de neutralizar a

lante de la puerta. ³Y mientras Jesús les anunciaba la Palabra, le trajeron un paralítico; cuatro hombres lo llevaban en su camilla.

⁴Como no podían acercarlo a Jesús a causa de la multitud, abrieron el techo del lugar donde él estaba y por ahí bajaron al enfermo en su camilla. ⁵Cuando vio la fe de esta gente, Jesús dijo al paralítico: "Hijo, tus pecados te son perdonados".

⁶Estaban ahí sentados algunos maestros de la Ley, y pensaron: ⁷"¡Qué manera de hablar! Este se burla de Dios. Pues, ¿quién puede quitar el pecado sino Dios y solamente él?"

⁸En ese mismo instante, Jesús supo en su espíritu lo que pensaban. Y les dijo:

Jesús". ¡Qué bien prepara Marcos a sus seguidores cristianos para el último conflicto de la vida de Jesús!

2:1-2 "Hijo mío, quedas perdonado/sanado". De regreso en Cafarnáun, Jesús es rodeado, otra vez, por un gran número de gente (v. 2; véase 1:33). Mientras predica a la multitud, cuatro amigos de un paralítico lo bajan en su camilla por el techo, cerca de Jesús, para que lo pueda ver y curar (vv. 3-4). (El recurrir a tal medio tan extraordinario para acercarse a Jesús, hace resaltar tanto la fe de estos amigos como el gran número de gente que seguía a Jesús.) Jesús responde a este acto de fe, no curando al hombre inmediatamente, sino iniciando el primero de una serie de diálogos que suscitan controversia con los escribas y fariseos presentes. Cuando Jesús le dice, "Hijo, tus pecados te son perdonados" (v. 5), parece decir, "Es a Dios a quien te has acercado". (En el Antiguo Testamento, sólo Dios podía perdonar pecados y se esperaba que lo hiciera sólo al final de los tiempos.) Así se clarifica el porqué los escribas lo acusan de "blasfemia", de burlarse de Dios (v. 7), y el porqué Jesús declara públicamente que su poder de perdonar pecados revela más claramente su identidad de Hijo de Dios que los milagros que hace.

Consciente de la censura silenciosa que su palabra de perdón ocasionó en la multitud, Jesús procede a probar que "el Hijo del Hombre tiene en la tierra el poder de perdonar los pecados", ordenándole al hombre que se levante y camine a la vista de todos (vv. 8-11). Al concluir este milagro, Marcos les pide a sus lectores que alaben a Dios por su presencia entre ellos perdonando y sanando, así como lo hizo la multitud (v. 12), aún frente a aquellos que no creían.

Es significativo el que San Marcos haya colocado este milagro con la enseñanza sobre el poder de Jesús para perdonar pecados, tan al principio del drama de su evangelio. Así muestra que la necesidad de experimentar el perdón de Dios era tan importante para los cristianos del primer siglo como para los cristianos de hoy. Los lectores de Marcos alaban a Dios por decir claramente, aún hoy en día, "Hijos míos, hijas mías, les absuelvo de sus pecados".

21

''¿Por qué piensan así? ⁹¿Qué es más fácil decir al paralítico: Tus pecados te son perdonados, o: Levántate, toma tu camilla y anda? ¹⁰Sepan, pues, que el Hijo del Hombre tiene en la tierra el poder de perdonar los pecados''. ¹¹Y dijo al paralítico: ''Levántate, toma tu camilla y vete a tu casa''. El se levantó y, al momento, en presencia de todos, cargó su camilla para irse con ella. ¹²La gente quedó asombrado y todos alabaron a Dios, pues decían: ''Nunca hemos visto nada parecido''.

¹³Cuando Jesús salió otra vez a orillas del lago, toda la gente fue a verlo, y él volvió a enseñarles. ¹⁴Al pasar vio al cobrador de impuestos sentado a su mesa: era Leví, hijo de Alfeo. Jesús le dijo: ''Sígueme''. El se levantó y lo siguió. ¹⁵Después Jesús fue a comer a casa de Leví. Algunos cobradores de impuestos y pecadores estaban sentados a la mesa con Jesús y sus discípulos; en realidad, había buen número de ellos. ¹⁶Pero también seguían a Jesús los maestros de la

2:13-22 Jesús y Leví; comer y ayunar. Después del conflicto con los fariseos por su conducta con el paralítico, Jesús continúa enseñando a las multitudes y juntando su primer grupo de discípulos (v. 13). Llama a un recaudador de impuestos, Leví, quien inmediatamente deja su trabajo para seguirlo (v. 14). Es significativo que Jesús escoge a sus discípulos de entre los que tienen trabajos sencillos y hasta despreciados (p.e., Leví era considerado malo por sus compañeros judíos porque cooperaba con los romanos cobrando impuestos para el emperador; su profesión lo colocaba entre los pecadores públicos judíos).

Aún más significativo es el hecho de que Jesús vaya a la casa de Leví y se asocie con otros ''pecadores'' (v. 15). Esto provoca a los escribas, que critican, ''¿Qué es esto? ¿Come con publicanos y pecadores?'' (v. 16). Este maestro judío, en contraste con los fariseos, busca pecadores que le sigan. ¡Hasta come con ellos! La escena termina con una afirmación general de Jesús: ''No son los sanos los que necesitan al médico, sino los enfermos'' (v. 17).

Al relatar esta situación conflictiva, Marcos anima a sus lectores a entender que el seguimiento de Jesús significa que su alimento, especialmente la Eucaristía, debe incluir a personas que son conscientes de sus debilidades y de su necesidad de médico. Esto contrasta con lo que se pudiera pensar de que sólo los que ''son buenos'' pueden participar en el banquete. En verdad, en el banquete en que Jesús está presente como *el* santo, los enfermos y pecadores son los mejores acogidos. Paradójicamente, la Eucaristía cristiana es para aquellos que parecen ''no pertenecer'' pero que realmente pertenecen y quieren asociarse a Jesús.

Si los hábitos de comer de Jesús cuestionan el modo de vivir de los líderes judíos, también lo hace la forma de ayunar de sus discípulos (vv. 18-22). Cuando se le pregunta: ''¿Por qué no ayunan tus discípulos?''

Ley del grupo de los fariseos. Cuando lo vieron sentado a la misma mesa con pecadores y cobradores de impuestos, dijeron a los discípulos: "¿Qué es eso? ¿Come con publicanos y pecadores?" ¹⁷Cuando Jesús oyó esto, les dijo: "No son los sanos los que necesitan al médico, sino los enfermos. No he venido a llamar a los justos, sino a los pecadores".

¹⁸Un día que los discípulos de Juan Bautista y los fariseos estaban ayunando, algunas personas vinieron a decir a Jesús: "¿Por qué no ayunan tus discípulos como lo hacen los de Juan y los de los fariseos?" ¹⁹Jesús les contestó:

"¿Pueden ayunar los amigos del novio mientras el novio está con ellos? Cierto que no; no deben ayunar mientras está con ellos. ²⁰Pero llegará el momento en que el novio les será arrebatado: entonces ayunarán.

²¹Nadie remienda un vestido viejo con un pedazo de género nuevo; porque la tela nueva encoge: tira la tela vieja, y se hace más grande la rotura. ²²Y nadie echa vino nuevo en vasijas viejas; porque el vino las rompería. Así se echarían a perder el vino y las vasijas. ¡El vino nuevo, en vasijas nuevas!" ²³Un sábado, Jesús caminaba por los sembrados con sus discípulos. Ellos al

---

(v. 18), Jesús responde con sus propia pregunta: "¿Pueden ayunar los amigos del novio mientras el novio está con ellos?" (v. 19). Usando los símbolos del Antiguo Testamento (el símbolo de una boda se refiere frecuentemente a la presencia de Dios con su pueblo; el ayuno se consideraba como preparación para la venida del Reino), el Jesús de San Marcos realmente dice que el reino de Dios está presente en su persona. Aún más, sigue diciendo que una vez que "el novio les será arrebatado" (refiriéndose a su muerte), los invitados ayunarán hasta que regrese en su gloria (v. 20). Mientras los lectores de Marcos esperan la última venida de Jesús, ayunan con una esperanza cierta y gozosa en él.

Los lectores de Marcos hoy pueden vivir con la misma esperanza gozosa que Marcos ofrecía a sus primeros lectores. También ellos pueden comprender el significado de las dos parábolas (la tela nueva cosida en una tela vieja, v. 21, y el vino nuevo en vasijas viejas, v. 22), que tratan de enseñar que uno no debe ayunar por razones erróneas. El reino de Dios ya está establecido. Cuando los cristianos deciden ayunar, según lo implica Marcos, es para avivar su anticipación de gozo perfecto del banquete celestial en el que esperan participar. En la Eucharistía, los cristianos ya celebran sacramentalmente la presencia del Novio entre ellos. Cuando ayunan, proclaman su esperanza en una unión plena que está aún por venir.

2:23-28 El dueño del sábado. San Marcos pasa a relatar un incidente especial sobre los discípulos de Jesús que recogían granos de trigo mientras caminaban con él un sábado. De nuevo, las acciones de Jesús y de sus seguidores causan furor entre los fariseos. Respondiendo a su protesta, Jesús prueba con la Escritura que David mismo dejó a un lado la

pasar se pusieron a desgranar espigas. ²⁴Entonces los fariseos le dijeron: "Mira: ¿Qué están haciendo? Es cosa que no se puede en día sábado". ²⁵El les dijo: "¿Nunca han leído ustedes lo que hizo David, cuando él y sus compañeros tuvieron necesidad y sintieron hambre? ²⁶Que entró en la Casa de Dios, en la época del Sumo Sacerdote Abiatar, y comió los panes de la ofrenda, que sólo pueden comer los sacerdotes, y les dio también a los que estaban con él". ²⁷Y les dijo: "El sábado ha sido hecho para el hombre, y no el hombre para el sábado. ²⁸Por esto el Hijo del Hombre, que es Señor, también es dueño del sábado".

3 ¹Otro día entró Jesús en la sinagoga y se encontró con un hombre que tenía la mano paralizada. ²Pero algunos

---

ley en favor de sus seguidores hambrientos (1 Sam 21:2-7). El Jesús de Marcos sigue proclamando que Dios creó el sábado para los seres humanos, y no vice versa. Los que siguen a Jesús deben interpretar toda la ley judía viviendo según el espíritu de la ley de Dios, es decir, sabiendo amar. Más tarde en su evangelio, Marcos clarifica que toda la Ley está condensada en una ley de Cristo, el doble mandamiento del amor. El cristiano que escoge "amar a Dios y a su prójimo como a sí mismo", será aprobado por el Señor mismo (12:28-34).

La importancia de este incidente sobre el sábado en el evangelio de San Marcos está en el carácter globalizador del último versículo. Cuando Jesús dice que "el Hijo del Hombre también es dueño del sábado", está proclamando su propia autoridad. Los lectores de Marcos recordarán que toda esta sección empezó cuando Jesús le dijo a la multitud reunida en Cafarnaún que "el Hijo del Hombre tiene en la tierra poder de perdonar los pecados" (2:10). Lo que pasa después, en el mismo sábado (3:1-6), mostrará cómo esta afirmación del Jesús de Marcos canaliza la corriente de todo el evangelio. Los fariseos dejarán de protestar y empezarán a hacer planes contra el Hijo del Hombre. ¡La suerte está echada!

(Una nota sobre el título "Hijo del Hombre": En el evangelio de San Marcos, Jesús nunca se refiere a sí mismo como el Hijo de Dios. Con frecuencia se llama Hijo del Hombre. Esto título, tomado de Daniel 7:13, se entendía refiriéndolo al futuro Redentor de Israel. El uso de Marcos del título "Hijo del Hombre", nos hace fijarnos más en *los medios* que el Redentor usará para salvar a su pueblo, esto es, los sufrimientos y la muerte en la cruz. La intención de San Marcos se hace aún más clara cuando el lector nota que la siguiente vez que se usa el título "Hijo del Hombre" es en 8:31, en la primera predicción explícita de los sufrimientos y de la muerte de Jesús.)

3:1-6 La mano seca y la conspiración. La misericordia de Jesús para con el hombre de la mano seca es el climax de esta sección que comenzó con la curación del paralítico (2:1-12). Su naturaleza de climax se hace

lo observaban: ¿Lo sanaría Jesús en ese día sábado? Ellos estaban dispuestos a denunciarlo. ³Jesús dijo al hombre que tenía la mano paralizada: "Ponte de pie y colócate aquí en medio". ⁴Y luego les preguntó: "¿Qué está permitido hacer en día sábado, el bien o el mal?, ¿salvar a una persona o matarla?" ⁵Pero ellos se quedaron callados. Entonces Jesús paseó sobre ellos su mirada, enojado y apenado por su ceguera. Dijo al hombre: "Extiende la mano". El paralítico la extendió y su mano quedó sana.

⁶En cuanto a los fariseos, apenas salieron, fueron a ver a los partidarios de Herodes y buscaron con ellos la forma de eliminar a Jesús.

⁷Jesús se retiró con sus discípulos a orillas del lago, y muchos galileos lo siguieron.

evidente cuando uno se fija en tres cosas. Primero, Marcos pone esta curación en la sinagoga, en el sábado, inmediatamente después de la afirmación de que Jesús es dueño del sábado; la curación es una prueba concreta de su reclamo de señorío. Segundo, cuando se lee el pasaje de la mano seca conectado con los cuadros que le preceden, es evidente que hay un cambio dramático en el ritmo de la narración: aquí Jesús es quien hace la pregunta provocadora ("¿Está permitido hacer el bien el sábado . . .?", v. 4), no los fariseos, como lo hacen en 2:7, 16, 18, 24; aquí Jesús está enojado con ellos (v. 5), en lugar de ellos estar enojados con él. De hecho, ahora, los que antes se quejaban no tienen nada que decir (v. 5). Tercero, después de que Jesús muestra su poder misericordioso restableciendo perfectamente la mano del hombre, los fariseos se retiran para hacer planes para eliminar a Jesús (v. 6).

San Marcos concluye esta serie de cinco "historias conflictivas" con una nota seria. Sus lectores no pueden menos de ver que el modo de vida de Jesús lleva a su muerte (v. 6). También se dan cuenta de que San Marcos sugerirá que esto es válido para los que siguen al "Hijo del Hombre" (8:31-38). Sin embargo, no importa cuáles sean las tensiones que experimenten los lectores de Marcos al tratar de vivir la vida cristiana, Jesús estará allí de su parte. Marcos ha asegurado a sus lectores que Jesús responderá generosamente a su fe en él (2:5), porque él ha venido para los necesitados (2:17) como el misericordioso Señor del sábado (2:27 y 3:4-5).

REFLEXION SOBRE EL SIGNIFICADO DE DISCIPULADO

Marcos 3:7-35

Los que saben contar muy bien una historia invitan a sus lectores a tomar parte en su historia usando diversas técnicas, como desarrollar un

⁸También venía a él muchísima gente de las regiones de Judea, de Jerusalén, de Idumea, del otro lado del Jordán y de los territorios de Tiro y de Sidón, porque habían oído hablar de todo lo que hacía. ⁹Jesús mandó a sus discípulos que dejaran una barca a su disposición para que toda esa gente no lo atropellase. ¹⁰Pues, al ver cómo sanaba a no pocos enfermos, todas las personas que sufrían de algún mal querían tocarlo y, al final, lo estaban aplastando. ¹¹Incluso los endemoniados, cuando lo veían, caían a sus pies y gritaban: "Tú eres el Hijo de Dios". ¹²Pero él les mandaba enérgicamente que no dijeran quién era. ¹³Entonces Jesús subió al cerro y llamó a los que él quiso, y vinieron a él. ¹⁴Así constituyó a los Doce, para que estuvieran con él y para enviarlos a

personaje, comparar y contrastar, dar detalles vívidos, crear espacios, etc. En sus primeros dos capítulos Marcos ya ha mostrado que él es un buen narrador. Ha empezado a revelar el lado humano del carácter de Jesús con ciertos detalles que Mateo y Lucas dejan fuera de sus relatos (por ejemplo, sólo Marcos describe el dolor y el enojo de Jesús durante la curación del hombre con la mano seca, 3:5). Ya ha establecido una tensión creciente en su drama poniendo cinco historias conflictivas entre 2:1–3:6 ("buscaron con ellos la forma de neutralizar a Jesús", 3:6) después de la "historia exitosa" del capítulo 1 ("¡de todas partes llegaban a donde él estaba!", 1:45).

Marcos, el narrador, tiene también un mensaje que quiere dar con su historia de Jesús, y por lo tanto quiere dar a sus lectores tiempo para que reflexionen. Por eso ahora presenta aquí un breve pasaje sumario (3:7-12). No sólo resume el gran atractivo de Jesús para las multitudes (vv. 7-10), sino también les recuerda a sus lectores que Jesús no quería que su identidad como Hijo de Dios fuera proclamada por razones erróneas (vv. 11-12; véase el comentario sobre "secreto" en los vv. 1:32-34). San Marcos espera que esta pausa para reflexionar prepare a sus lectores para el resto de su viaje con Jesús. Su caminar con él será con frecuencia desorientado por "las grandes multitudes" que buscan sólo una parte de lo que Jesús y los cristianos vienen a dar (vv. 7-8). Se complicará por las fuerzas empeñadas en obstaculizar el camino que lleva al cumplimiento de la misión del Señor (vv. 11-12). Por lo tanto, Marcos termina esta parte de su historia de Jesús con dos pasajes (la selección de los Doce, vv. 13-19, y el conflicto acerca de Belzebú, vv. 20-35) que ayudarán a los lectores a comprender el verdadero significado del discipulado cristiano.

3:13-19 Llamados por nombre para estar con Jesús. Cuando Marcos escribió su evangelio, en el año 70 A.D., la mayoría de los primeros discípulos ya no estaban para guiar a la comunidad cristiana. En este pasaje, en el que se describe cómo Jesús escoge los primeros doce discípulos,

predicar, [15]dándoles poder para echar a los demonios. [16]Estos son los Doce: Simón, a quien puso por nombre Pedro; [17]Santiago y su hermano Juan, hijos de Zebedeo, a quienes puso el nombre de Boanerges, es decir, hijos del trueno; [18]Andrés; Felipe; Bartolomé; Mateo; Tomás; Santiago, el hijo del Alfeo; Tadeo; Simón el cananeo, [19]y Judas Iscariote, el que después lo traicionó. [20]Vuelto a la casa, se juntó otra vez tante gente que ni siquiera podían comer. [21]Al enterarse sus parientes de

Marcos hace ver a los cristianos de su día dos elementos importantes del discipulado: ''estar con Jesús'' y ''ser nombrados'' por él.

El primer ingrediente del discipulado cristiano, se ve muy claro aquí, es el haber sido ''compañero'' del Señor (v. 14). El ser ''discípulo'' de Jesús es ser ''aprendiz'', y para aprender de él es necesario estar con él. Desde este punto en la narrativa del evangelio, Jesús mantiene a sus Doce cerca de sí. Aprenderán de él los misterios del Reino (en parábolas, 4:1-34). También descubrirán las dificultades de su camino (cc. 8–16, en los que Jesús da detalles de su camino a la cruz y del costo del discipulado). El hecho de que San Marcos presente a Jesús escogiendo a sus Doce en la montaña (v. 13) no sólo indica la solemnidad del momento sino que también apunta a otras escenas del evangelio en las que los discípulos estarán con Jesús en otras cumbres, por ejemplo, al ser testigos de su transfiguración, en 9:2-10, y al verlo en su agonía en el Monte de los Olivos, en 14:26-42. Se les pide a los lectores de Marcos que estén con Jesús y que aprendan de él en las experiencias de gloria misteriosa y de agonía dolorosa.

Un segundo elemento del discipulado cristiano está en el significado de ''ser nombrado'' por Jesús. En el libro del Génesis, por el hecho de que Dios había ''nombrado'' los cielos y la tierra y todas las criaturas, se hicieron suyos, su creación (Gen 1:3-10). Cuando le dio a Adán la orden de nombrar a los animales, Adán compartió el mismo poder de Dios sobre ellos (Gen 2:20). El ser ''nombrado'' por Jesús significa ser poseído por él, estar bajo su control; también significa que todos los nombrados por él compartirán su poder (vv. 14-15, ''los enviará a predicar la buena nueva; y les dará autoridad para echar a los demonios''). En este breve pasaje, los lectores de Marcos, bautizados ''en el nombre de Jesús'', escuchan la invitación a ser compañeros del Señor resucitado y a aprender de él cómo compartir de su misión y de su poder.

3:20-35 El ser poseído de Dios y el hacer la voluntad de Dios. Una vez que Jesús bajó de la montaña con sus doce compañeros, un gran gentío se acercó a él; eran tantos que ni él ni sus apóstoles podían comer (v. 20). Los lectores de Marcos notarán varias reacciones hacia Jesús y

todo lo anterior, fueron a hacerse cargo de él, porque decían: "Se ha vuelto loco".

²²Mientras tanto los maestros de la Ley que habían venido de Jerusalén decían: "Está en poder de Belzebú, jefe de los demonios, por eso puede echar a los demonios". ²³Jesús les pidió que se acercaran y empezó a explicarles por medio de ejemplos: ²⁴"¿Cómo puede Satanás echar a Satanás? Si una nación está dividida en bandos, no puede durar. ²⁵Tampoco una familia dividida puede mantenerse. ²⁶Lo mismo Satanás: si obra contra sí mismo, como ustedes dicen, y está dividido, no se puede mantener y pronto llegará su fin.

²⁷La verdad es que nadie puede entrar en la casa de un hombre fuerte y quitarle sus cosas si no lo amarra primero. Sólo así podrá saquearle la casa.

²⁸En verdad les digo: Se perdonará a los hombres todos sus pecados, e incluso si hablaron de Dios en forma escandalosa, sin importar que lo hayan hecho repetidas veces. ²⁹Pero el que calumnia al Espíritu Santo no tendrá jamás perdón, sino que arrastrará siempre su pecado". ³⁰Y justamente ése era su pecado, al decir que tenía un espíritu malo.

³¹Entonces llegaron su madre y sus hermanos; se quedaron afuera y lo mandaron a llamar. ³²Como era mucha la gente sentada en torno a Jesús, le transmitieron este recado: "Oye, tu madre, tus hermanos y tus hermanas están afuera y preguntan por ti". ³³El les contestó: "¿Quién es mi madre, y quiénes son mis hermanos?".

³⁴Y mirando a los que estaban sentados en torno a él, dijo: "Aquí están mi madre y mis hermanos. ³⁵Porque todo

su ministerio entre la gente. Su familia estaba "afuera"; habían venido para protegerlo porque trabajaba demasiado; creían que estaba "loco" o fuera de sí (vv. 21 y 31). Unos escribas importantes habían venido de Jerusalén para ver porqué Jesús era tan popular; decían que estaba "en poder de Belzebú", y que arrojaba a los demonios con la ayuda de Satanás (v. 22). Al ver cómo responde Jesús con astucia y energía a estas acusaciones (vv. 23-30), los lectores de Marcos saben cuál es la respuesta apropiada a Jesús. Aprenden que de todos aquellos que rodeaban a Jesús, los únicos que podían realmente considerarse sus hermanos y hermanas eran los que "hacen la voluntad de Dios" (vv. 32-34). Jesús espera que sus seguidores tengan la misma sincera dedicación a hacer la voluntad de su Padre que él tiene. Tal dedicación llevará a conflictos con personas como los escribas de Jerusalén. Hasta parecerá "loco" o "un exagerado" para algunos, aún para los miembros de la propia familia. Pero esto es lo que implica ser de la "familia" de Jesús.

La respuesta de Jesús a la acusación de que está poseído por el demonio es breve y al punto. En dos parábolas sobre los reinos y las casas divididos (vv. 24-27), Jesús muestra cómo sería contraproducente, si los que arrojan a los espíritus de la gente (3:11), fueran agentes de Satanás. Jesús también hace ver que el único pecado imperdonable es el de sus acusadores, que rehusan aceptar el poder del Espíritu Santo que obra en él

el que hace la voluntad de Dios, ése es mi hermano, mi hermana y mi madre''.

4 ¹Otra vez Jesús se puso a enseñar a orillas del lago. Se reunió tanta gente junto a él, que tuvo que subir a una barca y sentarse en ella, mientras toda la gente estaba en la orilla. ²Jesús les enseñó muchas cosas por medio de ejemplos. Esto es lo que les decía: ³''Escuchen esto: El sembrador ha salido a sembrar. ⁴Al ir sembrando la semilla, una parte cayó a lo largo del camino: vinieron los pájaros y se la comieron. ⁵Otra parte cayó entre las piedras, donde no había mucha tierra, y brotó en seguida por no estar muy honda la tierra; ⁶pero, cuando salió el sol, la quemó y, como no tenía raíz, se secó. ⁷Otra parte cayó entre espinos: éstos al crecer la ahogaron, de manera que no diera fruto. ⁸El resto cayó en tierra buena; la semilla creció, se desarrolló y dio fruto: unas produjeron treinta granos por semilla; otras sesenta, y otras cien''.

⁹Jesús agregó: ''El que tenga oídos para oír, que oiga''.

¹⁰Cuando toda la gente se retiró, los que lo seguían, junto con los Doce, le preguntaron lo que significaban estos ejemplos.

¹¹El les contestó: ''Ustedes están en el secreto del Reino de Dios, pero, a los de afuera, todo se les hace parábolas.

(vv. 28-30). Jesús está poseído por el espíritu de *Dios*, y los están también los que escogen hacer la voluntad de su Padre.

EL MISTERIO DEL REINO; EL PODER DE JESUS

Marcos 4:1-35

El capítulo 4 comienza y acaba con Jesús en la barca. Los lectores de Marcos oirán sus enseñanzas, ''en parábolas'', a las multitudes acerca del Reino de Dios. A esta predicación seguirá la revelación del poder de Jesús sobre el mar agitado. Jesús no sólo predica sobre el poder del Reino, sino que además practica lo que predica.

4:1-20 Enseña con parábolas. C. H. Dodd, un renombrado escriturista inglés, describe qué es una parábola y cómo se usaba en tiempo de Jesús. ''Básicamente, la parábola es una metáfora o símil sacado de la naturaleza o de la vida común y corriente, que cautiva a quien la escucha por su descripción vívida o extraña, y deja la mente con duda suficiente acerca de su aplicación precisa para darle que pensar más''. Aquí, en el capítulo 4, Marcos pone a sus lectores en contacto con el mundo de las parábolas del siglo primero. Escucharán cómo Jesús usa lo familiar de un modo nuevo, invitando a quienes escuchan a un nuevo modo de pensar sobre Dios y su reinado. En efecto, las parábolas de Jesús dicen que los caminos de Dios no son los nuestros. Nos llaman a una conversión.

En la primera parábola de Jesús (vv. 3-8), los lectores de Marcos oyen que algo pequeño, como una semilla (o como la pequeña comunidad cris-

¹²Como dice la Biblia: *Por mucho que miren, no verán: por más que oigan no entenderán; no se convertirán ni serán perdonados".*
¹³Jesús les dijo: "¿No entienden esta parábola? Entonces, ¿cómo comprenderán las demás? ¹⁴El sembrador siembra la Palabra de Dios. ¹⁵Unos la reciben como a lo largo del camino: son aquellos que, en cuanto escuchan la Palabra, viene Satanás y saca esta palabra que llegó hasta ellos. ¹⁶Otros la reciben como entre las piedras: son aquellos que, al escuchar la Palabra, la reciben en seguida con alegría, ¹⁷pero no tienen raíz en su interior sino que son inconstantes; y, en cuanto se les presentan angustias y persecuciones por causa de la Palabra, al momento fallan.

tiana del año 70 A.D.), puede crecer (o no crecer) y dar (o no dar) mucho fruto, según sea la tierra buena (o espinosa, rocosa, o endurecida como una vereda). Una buena parábola, por su naturaleza, es abierta y le ofrece a quien la oye el poder de escoger una respuesta a varios niveles. La esperanza de San Marcos al relatar esta parábola es que sus cristianos respondan: *"¡Seamos buena tierra! ¡Estemos llenos de esperanza, aún en los tiempos frágiles de nuestro principio como pequeña comunidad! Nosotros queremos que la semilla de Dios produzca el ciento por uno en nosotros, como Jesús prometió que sucedería!"*

En la discusión privada entre Jesús y sus discípulos (vv. 10-12), parece que Jesús no da a la multitud ("los de afuera") la oportunidad de entenderle y de ser sus seguidores. Esto es muy extraño, al considerar que las parábolas buscan estimular la conversión de quienes las escuchan. Lo que sucede en el duro versículo 12 (tomado de Is 6:9-10) es esto: la iglesia primitiva sabía que ciertas personas habían oído la palabra de Jesús y lo habían rechazado; también sabían que otro ("ustedes" discípulos, en el v. 11) le habían creído. Marcos, por lo tanto, muestra que Jesús, como Isaías antes que él, trajo un mensaje que verdaderamente exigía el hacer una decisión a favor o en contra de él. Las parábolas de Jesús, dice San Marcos, tratan de traer a todas las personas al reino de Dios, pero algunas escogen permanecer "fuera". Marcos pide a sus lectores que se abran a la palabra de Dios que es siempre contemporánea. Se les desafía a que dejen que esa palabra "los introduzca" a una relación más profunda con su Señor resucitado.

Aunque la primera parábola de Jesús era originalmente una invitación abierta a un compromiso radical por él, la explicación que sigue (en los vv. 13-20) la hace muy práctica; aplica punto por punto detalles de la parábola a la vida de los cristianos de Marcos. Al escuchar atentamente esta explicación, podrían responder: "Sí, entendemos la parábola para nuestro tiempo (v. 13). Sabemos que la semilla es la palabra de Dios (v. 14). También podemos ver cómo las diferentes clases de semilla represen-

¹⁸Otros la reciben como entre espinos: éstos han escuchado la Palabra, ¹⁹pero se presentan los problemas de la vida, las promesas engañosas del dinero y las demás pasiones. Todas estas cosas se unen para ahogar la Palabra, y al final no da fruto.

²⁰Hay otros que reciben la Palabra como la tierra buena; son aquellos que la escuchan, la aceptan y dan fruto, el treinta por uno, el sesenta o el ciento".

²¹Jesús les dijo también: "Cuando viene la luz, ¿debemos ponerla dentro de un tiesto o debajo de la cama? ¿No la pondremos más bien sobre el candelero? ²²Pues si algo está escondido, tendrá que descubrirse, y si hay algún secreto, tendrá que saberse. ²³¡Quien tenga oídos, que oiga!"

²⁴Les dijo también: "Presten atención a lo que escuchan. La medida con que ustedes midan se usará para medir lo que reciban, y se les dará mucho más todavía. ²⁵Sépanlo bien: al que produce se le dará más, y al que no produce, aun lo que tiene se le quitará".

²⁶Jesús dijo además: "Escuchen esta comparación del Reino de Dios. Un hombre echa la semilla en la tierra; ²⁷esté dormido o despierto, de noche o de día, la semilla brota de cualquier manera y crece sin que él se dé cuenta. ²⁸La tierra da fruto por sí misma: primero hierba, luego espiga y por último

tan a aquellas personas que responden a la palabra de forma diferente (vv. 13-20): algunos de nosotros hemos dejado que Satanás nos aleje de la fe (v. 15); otros de nuestro número dejan que las preocupaciones y la persecución los abrumen (vv. 16-17); otros estamos luchando contra deseos de dinero y otras cosas mundanas que nos distraen (vv. 18-19); pero nosotros queremos escuchar la palabra, meterla en el corazón, y ser verdaderos seguidores del camino de Jesús" (v. 20).

4:21-34 Escuchar la palabra en parábolas. Después de la parábola de la semilla y su explicación, Marcos recuenta otras cinco parábolas que deben ayudar a sus lectores a tomar a pechos la palabra de Jesús más personal y profundamente. Con la parábola de la lámpara (v. 21), Marcos sugiere que sus lectores tendrán que pensar en el significado de la vida y del mensaje de Jesús mucho más a fondo para sí mismos antes de poder compartirlos plenamente con otros (vv. 22-23). El dicho parabólico que habla de "la medida con que ustedes midan se usará para medir lo que reciban" (v. 24) es parecido a la parábola anterior acerca de la lámpara. Los lectores de Marcos deben esforzarse por crecer continuamente en su comprensión de Jesús, o perderán lo que creen que poseen. La parábola del sembrador dormido (vv. 26-29) desbarata las ilusiones de los que creen que pueden controlar la venida del reinado de Dios. En verdad, dice Marcos, "los caminos de Dios no son nuestros caminos. Debemos tener paciencia y dar a Dios el beneficio de la duda". La última parábola del capítulo 4 trata también de una semilla, la más pequeña de todas las semillas, la de mostaza (vv. 30-32). Aunque la comunidad cristiana primitiva era pequeña en número, esta parábola asegura a los lectores de Marcos

la espiga bien granada de trigo. [29]Y cuando el fruto está maduro, mandan a recogerlo porque ha llegado el día de la cosecha''.

[30]Y les dijo también: ''¿A qué se parece el Reino de Dios? ¿Qué comparación podríamos dar de él? [31]Es semejante a una semilla de mostaza. Cuando se la siembra, es la más pequeña de todas las semillas que se echan a la tierra. [32]Pero, una vez sembrada, crece y se hace más grande que todas las plantas del huerto. Entonces echa ramas tan grandes que los pájaros del cielo pueden refugiarse bajo su sombra''.

[33]Jesús usaba muchos ejemplos de este tipo para entregar su enseñanza, adaptándose a la capacidad de la gente. [34]Todo se lo decía por medio de ejem-plos, pero a sus discípulos, se lo expli-caba todo en privado.

[35]Al atardecer de ese mismo día, Je-sús dijo a sus discípulos: ''Pasemos a la otra orilla del lago''. [36]Ellos despidie-ron a la gente y lo llevaron en la barca tal como estaba. También lo acom-pañaban otras barcas. [37]Entonces se levantó un gran temporal y las olas se lanzaban contra la barca que se iba lle-nando de agua. [38]Mientras tanto, Jesús dormía en la popa sobre el cojín. Ellos lo despertaron diciéndole: ''Maestro, ¿es así como dejas que nos ahogue-mos?''

[39]El despertó, se encaró con el viento y dijo al mar: ''Cállate, cálmate''. El viento se calmó y vino una gran bo-nanza. [40]Después les dijo: ''¿Por qué

que todos sus esfuerzos darán fruto en el crecimiento del Reino de Dios— con tal de que lo entiendan (véase vv. 33-34).

Marcos resume cómo ''oye'' el pueblo las parábolas de Jesús: algunos con atención ''las comprenden'' (v. 33), mientras que los discípulos las entendieron perfectamente porque ''se lo explicaba todo'' a ellos (v. 34). Con esa enseñanza especial, los discípulos de Jesús parecían estar listos para probar su discipulado bien entendido. La escena siguiente, en el mar, prueba que todavía *no* estaban listos.

4:35-41 Jesús calma la tormenta y exige fe. En esta primera escena de la tormenta (véase 6:45-52, para un relato parecido), el Jesús de San Mar-cos da a sus discípulos una oportunidad de mostrar que han llegado a conocerlo como él es realmente. Han compartido en los secretos del Reino (4:1-34), y han estado con él cuando curaba toda clase de enfermedades y arrojaba a los demonios (cc. 1–3). Ahora están con él en la tormenta en medio del mar, y él duerme (v. 38). Creen que él no se preocupa de ellos (v. 38), después de todo lo que han visto que hace a favor de los necesitados. Después de calmar la tormenta violenta con una palabra, ''Cállate, cálmate'' (v. 39), Jesús se vuelve a los discípulos (y a los lec-tores de Marcos) y les pregunta: ''¿Por qué son ustedes tan miedosos? ¿Todavía no tienen fe?'' (v. 40). La única respuesta de los primeros dis-cípulos es: ''¿Quién es éste?'' (v. 41). Marcos quiere que sus cristianos, con su conocimiento de toda la vida, muerte, y resurrección de Jesús, es-tén seguros de su protección en tiempos de tensión y confusión. Pide algo más que una ''gran reverencia'' (v. 41) porque Jesús calmó la tem-

son ustedes tan miedosos? ¿Todavía no tienen fe?''

⁴¹Pero ellos estaban asustados por lo ocurrido y se preguntaban unos a otros: ''¿Quién es éste, que hasta el viento y el mar le obedecen?''

5 ¹Y llegaron a la otra orilla del lago, que es la provincia de los gerasenos. ²Apenas salió de la barca, vino a su encuentro, saliendo de entre los sepulcros, un hombre con un espíritu malo. ³Este hombre vivía en los sepulcros y nadie podía sujetarlo, ni siquiera con cadenas.

⁴Varias veces lo habían amarrado con grillos y cadenas, pero él los hacía pedazos y nadie podía dominarlo. ⁵Andaba siempre, día y noche, entre los sepulcros y por los cerros, gritando y lastimándose con piedras.

⁶Cuando divisó a Jesús, fue corriendo, se puso de rodillas ⁷y gritó muy fuerte: ''¿Qué tienes que ver conmigo, Jesús, Hijo del Dios Altísimo? Te ruego, por Dios, que no me atormentes''. ⁸Es que Jesús le había dicho: ''Espíritu malo, sal de este hombre''. ⁹Y como Jesús le pre-

pestad. Pide una fe profunda y actual de todos aquellos que luchan por comprender el significado de la vida, muerte y resurrección de Jesús en medio de las experiencias de su vida cristiana diaria.

CONTINUAN LOS MILAGROS

Marcos 5:1-43

Los discípulos, los líderes judíos, y la multitudes han visto como Jesús calma a los demonios y al mar. Le han escuchado predicar sobre la conversión y el Reino de Dios. Después de todo esto, los discípulos todavía preguntan: ''¿Quién puede ser éste?'' (4:41). Con el primer milagro del capítulo 5, San Marcos hace que Jesús vaya más allá de las fronteras judías para ver si los paganos le reconocen por quien realmente es (en 5:1-20, la curación del loco endemoniado ocurre en el territorio pagano de Gerasa, al este del río Jordán). Cuando Jesús regresa a casa después de su encuentro asombroso con los paganos, se encuentra con una fe más y más creciente en él (de un oficial de la sinagoga judía, Jairo, en 5:21-24 y 35-43, y de una mujer sencilla y doliente de entre la multitud, en 5:25-34). Parecería que después de estos tres hechos milagrosos los discípulos de Jesús comprenderían mejor su propósito y su misión. Sin embargo, al terminar el capítulo con otra referencia ''al secreto'' (''les ordenó severamente que no lo contaran a nadie'', 5:43), los lectores de Marcos se dan cuenta de que Jesús todavía desea que sus seguidores vean en él algo más que una persona que hace milagros.

5:1-20 Jesús se acerca a los paganos: el endemoniado de Gerasa. San Marcos ofrece una vívida descripción del poseso, que ruge violentamente entre tumbas y en las colinas del territorio de Gerasa (vv. 1-5); así prepara

guntó: "¿Cómo te llamas?", contestó: "Me llamo Multitud, porque somos muchos". [10]Y rogaban insistentemente a Jesús que no los echara de la región. [11]Había allí una gran manada de cerdos comiendo al pie del cerro. [12]Los espíritus le rogaron: "Mándanos a esta manada y déjanos entrar en los cerdos". Y Jesús se lo permitió. [13]Entonces los espíritus malos salieron del hombre y entraron en los cerdos. En ese mismo instante dichas manadas se arrojaron al lago desde lo alto del precipicio y allí se ahogaron. [14]Los cuidadores de los cerdos huyeron y contaron el asunto por la ciudad y por el campo. Salió entonces la gente a ver qué era lo que había pasado.

[15]Cuando llegaron donde Jesús, vieron al hombre del espíritu malo: el que

el escenario para su encuentro con Jesús (vv. 6-10). Aún antes de que Jesús expulsara a los demonios del hombre (es raro que los demonios dentro del hombre *pidieran* a Jesús que los enviara a una manada de cerdos, pero él lo hace, vv. 11-13), el poseso se acerca a Jesús, le rinde un homenaje que se debe sólo a Dios, y lo reconoce como Hijo de Dios (vv. 6-7). Como otros posesos antes que él (véase 1:24; 1:34, y 3:11), este hombre ve y proclama lo que los discípulos y las multitudes judías no ven: Jesús es el Hijo de Dios.

Cuando la gente del pueblo sale a ver si era cierta la historia increíble de los que cuidaban los cerdos, se encontró al bien conocido frenético, Legión, "sentado, vestido y en su sano juicio" (vv. 14-15). También vieron, según se supone, los dos mil cerdos flotando en el mar. Naturalmente, se llenaron de miedo. No podían comprender el poder de Jesús y le pidieron que dejara su territorio antes de que los asombrara aún más. Evidentemente era más fácil para ellos relacionarse con un poseso violento que con el que tenía poder para curarlo (vv. 16-17). (N.E.: Además, valoraban más sus dos mil cerdos que la salud de la persona enferma y que la presencia de Jesús entre ellos.) El hombre curado, atormentado y aislado de la sociedad por tanto tiempo, pregunta si se puede quedar con Jesús (v. 18). Aunque Jesús no le permite que siga con él, no le dice que mantenga silencio sobre la curación, como lo ha hecho tan frecuentemente después de sus milagros. La consecuencia fue que los paganos de la región de la Decápolis oyeron lo que la misericordia de Dios había obrado en él por medio de Jesús (vv. 19-20). Este notable milagro que para San Marcos muestra el cuidado amoroso de Jesús por un marginado, sirve también de escenario para la misión de Jesús a los que no son judíos.

La comunidad cristiana de Marcos, integrada por judíos y gentiles, estaría muy atenta al ver a Jesús entrar en la tierra extranjera de Gerasa (v. 1). Estaría ansiosa de ver cómo los que cuidaban los cerdos (obviamente gentiles, puesto que esta ocupación estaba prohibida a los judíos) reaccionarían ante Jesús (vv. 11-17). Reconocería en este hecho el paso inicial

había tenido la Multitud estaba sentado, vestido y en su sano juicio. Todos se asustaron. ¹⁶Los que habían visto lo sucedido les contaron lo que le había pasado al endemoniado y a los cerdos. ¹⁷Pero ellos comenzaron a pedir a Jesús que se alejara de sus tierras.

¹⁸Jesús se volvió a la barca y, al subir, el hombre que había tenido el espíritu malo pidió a Jesús que lo dejara irse con él. ¹⁹Pero Jesús no se lo permitió, sino que le dijo: ''Vete a tu casa, con los tuyos, y cuéntales lo que el Señor ha hecho contigo y cómo ha tenido compasión de ti''.

²⁰El hombre se fue. Empezó a proclamar por la región de la Decápolis todo lo que Jesús había hecho con él, y todos quedaban admirados. ²¹Jesús, pues, atravesó el lago en la barca, pero, en la orilla, otra muchedumbre volvió a juntarse en torno a él. ²²Llegó entonces uno de los dirigentes de la sinagoga, que se llamaba Jairo, y, cuando vio a Jesús, se postró a sus pies. ²³Le rogaba: ''Mi hija está agonizando; ven, pon tus manos sobre ella para que sane y viva''.

²⁴Jesús se fue con Jairo en medio de un gentío que lo apretaba. ²⁵Se encon-

de la extensión del cristianismo entre los gentiles según San Marcos. En verdad, la fe cristiana que era abrazada por judíos y no judíos en la época de Marcos, estaba arraigada en el acercamiento amoroso del mismo Jesús. El cristianismo no tenía límites de raza ni de nacionalidad. La palabra salvadora y el poder de Jesús se extenderían a todo el pueblo de Dios.

5:21-43 Jesús y las mujeres: vida y confianza. En el evangelio de San Marcos, Jesús nueve veces tiene contacto muy de cerca con mujeres. Aquí en versículos 21-43, los lectores de Marcos pueden ver dos de los más tiernos encuentros de Jesús con las mujeres (la hija de Jairo y la mujer con la hemorragia). Ambas historias comienzan con alguien que busca a Jesús, el sanador; ambas historias terminan en la curación de una persona que está sin esperanza. Aún el modo en que San Marcos entrelaza las dos historias (la historia de la hija de Jairo comienza, luego sigue el relato de la mujer con la hemorragia narrado en su totalidad, y acaba la historia de la hija de Jairo) muestra que Marcos desea que sus lectores escuchen un mensaje importante común a las dos: ''El miedo es inútil; lo que hace falta es tener fe'' (v. 36). El padre de la niña confía en Jesús aún después de oír el reporte de que estaba muerta (vv. 35-40). Se le invita a presenciar el toque y la palabra sanadora de Jesús, y entonces él ve a su hijita caminar viva (vv. 41-42). La mujer muestra su confianza al tocar a Jesús (v. 27) y declarándolo a pesar del miedo (v. 33). A los cristianos de todas las edades les anima Marcos a que, como Jairo y la mujer, se acerquen a Jesús confiadamente con sus peticiones en favor de los enfermos y moribundos.

Al reportar el poder milagroso de Jesús, Marcos preserva el lado humano de Jesús. Por ejemplo, el que tiene más poder para sanar que los médicos de su día (curó a la mujer que había gastado todo su dinero y

traba allí una mujer que padecía desde hacía doce años de un derrame de sangre. ²⁶Había sufrido mucho en manos de varios médicos y gastado en ello todo lo que tenía sin ningún resultado. Al contrario, cada vez estaba peor. ²⁷Como había oído lo que se decía de Jesús, se acercó por detrás, en medio de la gente, y le tocó el manto. ²⁸La mujer pensaba: "Si logro tocar aunque sea su ropa, sanaré". ²⁹Al momento cesó su hemorragia y sintió en su cuerpo que estaba sana.

³⁰Pero Jesús también se dio cuenta del poder que había salido de él y, dándose vuelta, preguntó: "¿Quién me tocó el manto?" ³¹Sus discípulos le contestaron: "Cuando ves a esa gente que te aprieta, ¿cómo puedes preguntar quién te tocó?" ³²Pero él seguía mirando a su alrededor para ver quién era aquella que lo tocó. ³³Entonces la mujer, que sabía muy bien lo ocurrido, asustada y tem-

blando, se postró ante él y le contó toda la verdad.

³⁴Jesús le dijo: "Hija, tu fe te ha salvado, vete en paz y queda sana de tu enfermedad".

³⁵Jesús estaba todavía hablando, cuando se acercaron algunos de la casa del dirigente de la sinagoga, diciendo: "Tu hija ya murió, ¿para qué molestas ahora al Maestro?" ³⁶Jesús se hizo el desentendido y dijo al dirigente: "No tengas miedo, solamente ten fe". ³⁷Pero no dejó que lo acompañaran más que Pedro, Santiago, y Juan, hermano de Santiago.

³⁸Cuando llegaron a la casa del dirigente, había gran bulla: unos gritaban, otros lloraban. ³⁹Jesús dijo: "¿Por qué esta bulla?, la niña no ha muerto sino que duerme".

⁴⁰Ellos se burlaron de él. Pero Jesús los hizo salir a todos y llegó donde estaba la niña, acompañado por el padre,

doce años yendo a doctores, que no pudieron ayudarla, v. 26) "no sabía quien le había tocado" (v. 30). Igualmente, el que levanta a la niña de su lecho de muerte (v. 41) es también sensible a su necesidad de comer algo (v. 43). Tales detalles hacen muy accesible al Jesús de Marcos. No era un ser humano perfecto (por ejemplo, no sabía todo), pero era perfectamente humano (estaba lleno de compasión). Los lectores de San Marcos pueden confiar en él tanto como los que lo hacían cuando vivió en la tierra. Es sensible a las necesidades de los que lo buscan.

Es importante que los lectores de San Marcos tomen nota de los detalles de este pasaje que apuntan al climax del evangelio. Esos detalles revelan el deseo de Marcos de mantener a sus lectores caminando con Jesús hacia la meta de su viaje. Por ejemplo, Pedro, Santiago, y Juan, que presencian la resurreción de la niña en este pasaje, preguntarán muy pronto qué significa "resucitar los muertos" (9:10). De la misma manera, la mujer temerosa enferma de hemorragias que se acerca temblando, apunta a las tres mujeres que dejarán la tumba vacía de Jesús "sorprendidas y temblando", con tanto miedo que no dijeron nada a nadie (16:8). Casi no hay sección del evangelio de San Marcos que no dirija a los lectores a su conclusión. Marcos les pide a sus lectores, hombres y mujeres, que se queden con Jesús hasta el final. Aún cuando la confusión y las trage-

la madre y los que venían con él. ⁴¹Tomando la mano de la niña, le dijo: "Talita kum", que quiere decir: "Niña, a ti te lo digo, levántate".
⁴²Y ella se levantó al instante y empezó a corretear, pues tenía unos doce años. Había que ver el estupor que esto produjo. ⁴³Pero Jesús les ordenó severamente que no lo contaran a nadie, y además mandó que dieran de comer a la niña.

6 ¹Al irse Jesús de allí, volvió a su tierra, acompañado de sus discípulos. ²Cuando llegó el sábado, se puso a enseñar en la sinagoga y mucha gente lo escuchó con asombro. Se preguntaban: "¿De dónde le viene todo esto? ¿Qué pensar de este don de sabiduría? ¿Y cómo explicar este poder milagroso que tiene en sus manos? ³¿No es éste el carpintero, el hijo de María y el hermano de Santiago, José, Judas, y Si-

dias de la vida los depriman, Marcos les recuerda a sus lectores que: "el miedo es inútil; lo que hace falta es confiar en el Dios, que da vida, aún después de la muerte".

DEL PAN Y LA CEGUERA

Marcos 6:1–8:26

En los capítulos 1 al 5 San Marcos ha hecho resaltar los milagros y el poder de Jesús sobre las fuerzas cósmicas: los demonios, el mar agitado y el viento huracanado, le enfermedad y la muerte. También les ha dicho a sus lectores que la respuesta propia de los cristianos al poder de Jesús es la fe en él, no la sorpresa o el temor (4:40 y 5:36). En los capítulos 6 al 8, San Marcos continuará su retrato del Jesús poderoso. Pero hará hincapié aún más en la ceguera de los discípulos para entender el significado del poder de Jesús (6:52 y 8:14-21).

Los lectores de Marcos también notarán en estos capítulos un nuevo énfasis, en el pan. En los capítulos 6 al 8 San Marcos asocia repetidamente el pan con la incapacidad de los discípulos para comprender a Jesús. Se puede ir viendo que Marcos sugiere a sus cristianos que ellos reconocerán el verdadero significado de Jesús por sí mismos solamente cuando se den cuenta de lo que significa el compartir el pan eucarístico. (La Eucaristía conmemora su unión con el Señor resucitado, que llegó a su gloria a través de los dolores y la muerte.) Es por medio de "pan y ceguera" que el Jesús de San Marcos guía a sus discípulos hasta el punto medio y primer climax del evangelio, esto es, a la revelación de Jesús a Pedro y los discípulos sobre el camino a su gloria final (y a la de ellos) que pasa por mucho sufrimiento y la muerte (8:27-38).

6:1-6 ¡El era el colmo para ellos, en Nazaret . . . y ellos para él! Los discípulos de Jesús están con él mientras enseña a la multitud en la sina-

món? Y sus hermanas, ¿no viven aquí entre nosotros?''

Y no creían en él, todo lo contrario. ⁴Jesús les dijo: ''A un profeta sólo lo desprecian en su tierra, en su parentela y en su familia''. ⁵Y no pudo hacer allí ningún milagro. A lo más, sanó unos pocos enfermos, con una imposición de las manos; ⁶pero se admiraba al verlos tan ajenos a la fe.

⁷Jesús iba predicando por todos los pueblos de esta región. Reunió a los Doce y comenzó a enviarlos de dos en dos, dándoles poder sobre los espíritus malos. ⁸Les ordenó que no llevaran nada para el camino fuera de un bastón:

goga de su pueblo natal, Nazaret. Mientras que muchos de los lectores de Marcos están interesados en este pasaje porque hace referencia a ''los hermanos y hermanas'' de Jesús (v. 3), el interés del propio Marcos está en otro punto. (Dada la enseñanza de la iglesia católica sobre la virginidad de María, esta mención de los hermanos y hermanas de Jesús da lugar a que se hagan preguntas. Sin embargo, ni en esta sección ni en 3:31-35, donde sus ''hermanos'' son también mencionados, se dice nada definitivo sobre la virginidad de María ni sobre la familia consanguínea de Jesús, porque en tiempo de Marcos ''hermanos y hermanas'' podía referirse a primos, medio-hermanos, o miembros de parentela, así como a hermanos y hermanas de sangre.) Marcos relata el hecho del rechazo de Jesús por la gente de su propio pueblo por una razón especial: ofrecer una transición importante y contrastes sorprendentes en este punto de su drama. El pasaje es de transición, puesto que conecta los milagros más grandes de Jesús (resucitar a la niña muerta) con el compartir de su poder de sanación con los discípulos (6:7-13). Los contrastes sorprendentes están no tanto en el rechazo de su pueblo (''A un profeta sólo lo desprecian . . .'', v. 4) sino en su desaliento e ineficacia entre ellos: ''No pudo hacer allí ningún milagro. A lo más: sanó unos pocos enfermos . . . pero se admiraba al verlos tan ajenos a la fe'' (v. 5). Hasta este punto, la gente se había sentido siempre admirada y temerosa ante la presencia de Jesús; aquí, Jesús está admirado de ellos y de la falta de fe que encuentra en Nazaret. Los lectores de San Marcos, no importa lo familiarizados que estén con Jesús, pueden evaluar bien la profundidad de su fe en él a fin de permitirle obrar en ellos todo lo que él desea.

6:7-13 Los apóstoles son enviados a predicar y echar demonios. Al verse rechazado por los suyos, Jesús predica por otros lugares y envía a sus doce discípulos con instrucciones y poderes especiales. El lector recordará que San Marcos le ha preparado cuidadosamente para este momento importante cuando Jesús envía a los apóstoles. Primero, Jesús los nombra personalmente (1:16-20); luego selecciona a los doce especiales para que lo acompañen (3:13-19). Los Doce, instruídos por Jesús y presentes con él mientras curaba la enfermedad y echaba al demonio (cc.

ni pan, ni morral, ni dinero; ⁹que fueran con calzado corriente y con un solo manto. ¹⁰Y les decía: "Quédense en la primera casa en que les den alojamiento, hasta que se vayan de ese pueblo. ¹¹Si en algún lugar no los reciben y no los escuchan, dejen a esa gente y sacudan el polvo de sus pies como protesta contra ellos". ¹²Fueron a predicar, invitando a la conversión. ¹³Echaban a muchos espíritus malos, y sanaban a numerosos enfermos con una unción de aceite. ¹⁴El rey Herodes oyó también hablar de Jesús, ya que su nombre se había

hecho famoso. Algunos decían que Juan Bautista había resucitado de entre los muertos y que por eso tenía poderes milagrosos. ¹⁵Otros decían que era Elías, y otros que Jesús era un profeta como los antiguos profetas. ¹⁶Herodes, por su parte, pensaba: "Ha resucitado Juan, al que mandé cortar la cabeza".

¹⁷Esto es lo que había sucedido: Herodes había mandado tomar preso a Juan y lo tenía encadenado en la cárcel por causa de Herodías, esposa de su hermano Filipo. Herodes se había casado con ella y Juan le decía: ¹⁸"No te está permitido tener la mujer de tu hermano". ¹⁹Herodías lo odiaba y quería

3-5), están ahora preparados para ser "los enviados" (la palabra griega "apóstol" significa "enviado"). La orden específica de expulsar a los espíritus impuros (v. 7) va acompañada de otros detalles en lo que toca al vestido, a lo que tienen que llevar, dónde quedarse, y a lo que deben hacer cuando sean rechazados (vv. 8-11). Estas son órdenes detalladas que la Iglesia primitiva necesitaba para moverse rápidamente y mantenerse consciente de la providencia divina. ¿Tenían tanta confianza en Dios los cristianos de Marcos en el año 70 A.D., como Jesús exigía de sus Doce? ¿Cuáles son las órdenes específicas para la misión apostólica de los apóstoles de hoy que leen el evangelio de Marcos? Una cosa aparece bien clara: San Marcos pide que todos sus lectores consideren en oración, cómo balancear su acción impaciente por la edificación del Reino de Dios con su confianza en la acción amorosa de Dios en la vida de su pueblo.

6:14-29 El Rey Herodes, Juan Bautista, y Jesús. Este relato más bien largo de la muerte de Juan Bautista parece interrumpir el hilo de la historia de Marcos sobre Jesús. Sin embargo, es posible que San Marcos presente este relato aquí con el fin de preparar a sus lectores para la muerte de Jesús, casi como la primera presentación de Juan en el evangelio preparó la entrada de Jesús a la escena evangélica (1:2-11). Una lectura cuidadosa indicará cómo la muerte de Juan es realmente una predicción de la misma muerte de Jesús. Considérense estos indicios: Aunque Herodes estaba equivocado al pensar que Jesús era Juan "resucitado" (v. 16), Jesús será en verdad el resucitado (16:6-8); como Herodías (v. 19), los principales de los sacerdotes quieren matar a Jesús pero tienen que hacerlo por medios engañosos por miedo a lo que la gente pudiera hacer (11:18 y 14:1-2);

matarlo, pero no podía ²⁰porque Herodes sentía respeto por Juan; lo consideraba un hombre justo y santo, y lo protegía. Cuando Juan le hablaba, no sabía qué hacer, pero lo escuchaba con gusto. ²¹Se presentó la oportunidad cuando Herodes, el día de su cumpleaños, dio un banquete a sus nobles, a sus oficiales y a los personajes principales de Galilea. ²²Durante el banquete danzó la hija de Herodías y gustó mucho a Herodes y a sus invitados. Entonces el rey dijo a la muchacha: "Pídeme lo que quieras y te lo daré". ²³Y le prometió con juramento: "Te daré lo que me pidas, aunque sea la mitad de mi reino". ²⁴Ella fue a preguntar a su madre: "¿Qué pido?" Esta respondió: "La cabeza de Juan Bautista". ²⁵Inmediatamente corrió adonde el rey y le dijo: "Quiero que ahora mismo me des en una bandeja la cabeza de Juan Bautista".

²⁶El rey se entristeció, pero no quiso negárselo, porque lo había jurado en presencia de los invitados. ²⁷Al instante ordenó a un verdugo que le trajera la cabeza de Juan. Este fue a la cárcel y le cortó la cabeza. ²⁸Luego, trayéndola en una bandeja, se la entregó a la muchacha y ésta se la pasó a su madre. ²⁹Cuando los discípulos de Juan se informaron de lo ocurrido, fueron a recoger el cuerpo y lo enterraron en un sepulcro.

³⁰Al volver los apóstoles donde estaba Jesús, le contaron todo lo que habían hecho y lo que habían enseñado. ³¹Entonces él les dijo: "Vamos aparte a un lugar tranquilo para descansar un poco". Porque eran tantos los que iban y venían que no les quedaba tiempo ni

como Herodes (v. 20), Pilato tendrá que condenar a Jesús aunque no sepa qué crimen ha cometido Jesús (15:14); finalmente, como los discípulos de Juan (v. 29), un seguidor de Jesús pedirá su cuerpo muerto y "lo pondrá en un sepulcro" (15:46). Estos detalles muestran que Marcos quiere que los lectores vean el destino de su Señor en el destino de su precursor Juan. San Marcos también desea que sus lectores sean de tal modo como Juan y preparen a otros para la experiencia de Jesús en sus vidas y en su muerte, que la gente también los confunda con Jesús. Herodes creía que Jesús era Juan resucitado. ¿Creerán otros que Jesús ha regresado a la vida cuando vean la vida de la comunidad cristiana de Marcos, entonces y ahora?

6:30-52 Multitudes, panes, y caminar sobre al agua. El corto pasaje de 6:30-33 sirve para "redondear" la misión de los Doce (en 6:7-13). También prepara a los lectores de Marcos para el resto del capítulo 6, que trata de dos manifestaciones maravillosas, muy relacionadas entre sí, que revelan la identidad de Jesús como su Señor: la primera, como el que da de comer abundantemente a la multitud (con pan, en 6:34-44); la segunda, como el que está con ellos en los más serios conflictos de la vida (en el mar tempestuoso, en 6:45-52).

Aunque los apóstoles necesitan tiempo con Jesús a solas (v. 31), él responde primero a la gran necesidad de la multitud que ha descubierto su lugar de refugio (v. 33). El primer milagro de los panes (6:34-44) revela

para comer. ³²Y se fueron solos en una barca a un lugar despoblado. ³³Pero muchos, al verlos partir, adivinaron hacia dónde iban. Y salieron por tierra de todos los pueblos, con tanta prisa que llegaron antes que ellos.

³⁴Al bajar Jesús de la barca, vio todo ese pueblo y sintió compasión de ellos, pues eran como ovejas sin pastor, y se puso a enseñarles largamente.

³⁵Cuando era ya muy tarde, se le acercaron sus discípulos y le dijeron: "El lugar es despoblado y se hace tarde. ³⁶Despídelos para que vayan a las aldeas y a los pueblos más cercanos y compren algo de comer". ³⁷El les contestó: "Denles ustedes de comer". Entonces dijeron: "¿Tendremos que ir nosotros a comprar doscientos denarios de pan para darles de comer?" ³⁸Jesús les preguntó: "Ustedes tienen panes. ¿Cuántos? Vayan a ver".

Una vez averiguado, le dijeron: "Son cinco panes, y además hay dos pescados".

³⁹Entonces, ordenó que los hicieran sentarse en grupos sobre el pasto. ⁴⁰Y se acomodaron todos en grupos de a cien y de a cincuenta. ⁴¹Y él tomó los cinco panes y los dos pescados y, levantando los ojos al cielo, pronunció la bendición, partió los panes y los iba dando a los discípulos para que se los distribuyeran. Asimismo, repartió los dos pescados entre todos.

⁴²Comieron todos hasta saciarse, ⁴³y se recogieron doce canastos llenos de pedazos de pan y las sobras de los peces. ⁴⁴Los que habían comido los panes eran cinco mil hombres.

⁴⁵Inmediatamente Jesús obligó a sus discípulos a que subieran a la barca y lo fueran a esperar en Betsaida a la otra orilla, mientras él despachaba a la gente.

para Marcos y la Iglesia primitiva que Jesús es tan poderoso y tan amoroso como el Dios del Exodo 16, que proveyó el maná para su pueblo errante en el desierto. Cuando Jesús tiene piedad de ellos, "porque eran como ovejas sin pastor" (v. 34), se convierte para los lectores de Marcos en el Buen Pastor de Ezequiel 34, que cuida a su rebaño necesitado y le instruye por mucho tiempo (v. 34). Estas alusiones al Antiguo Testamento hacen recordar a los lectores de San Marcos la providencia de Dios en el pasado. Sin embargo, cuando Marcos presenta a Jesús como el que "tomó los cinco panes y, levantando los ojos al cielo, pronunció la bendición, partió los panes, y los iba dando a los discípulos para que se los distribuyeran" (v. 41), los cristianos de Marcos toman conciencia de su experiencia presente del Señor en la Eucaristía. Los detalles del cuidado de Jesús en el *pasado* por el pueblo hambriento, son vividos ahora, en el *presente*, cuando sus seguidores necesitados se acercan a él buscando alimento. Los lectores de Marcos comparten en la abundancia de las sobras (v. 43) ¡Dios alimenta a su pueblo en la Eucaristía!

Inmediatamente después de la multiplicación de los panes, San Marcos presenta una segunda escena en la que Jesús calma un mar huracanado en favor de sus temerosos discípulos (6:45-52; recuérdese 4:35-41). Tan pronto como el viento comenzó a azotar la barca, Jesús empezó a caminar hacia ellos sobre las aguas (v. 48; en 4:38 Jesús estaba en la barca

⁴⁶Y, después de despedirlos, se fue al cerro a orar. ⁴⁷Al anochecer, estaba la barca en medio del mar, y él solo en tierra. ⁴⁸Jesús vio que se cansaban remando, pues el viento les era contrario, y, al amanecer, fue hacia ellos, caminando sobre el mar, como si quisiera pasarlos de largo. ⁴⁹Ellos, viéndolo caminar sobre el mar, creyeron que era un fantasma y se pusieron a gritar, ⁵⁰pues todos lo habían visto y estaban asustados. Pero él, inmediatamente, les habló: "Animo, no tengan miedo, soy yo". ⁵¹Jesús subió a la barca con ellos y se calmó el viento, con lo cual quedaron muy asombrados. ⁵²Pues ellos no habian entendido lo de los panes: su mente quedaba totalmente cerrada. ⁵³Luego, atravesando el lago, llegaron a Genesaret, donde amarraron la barca. ⁵⁴Apenas se bajaron, la gente lo recono-

con ellos, pero dormido). El que Jesús haya calmado el mar y a los discípulos (vv. 50-51) serán señales adicionales para Marcos y sus lectores de que Jesús es el Señor de la creación. Sólo Dios tenía tal dominio sobre el mar (p.e., Gen 1:1-10). Sólo el "YO SOY" tenía el poder de dividir el Mar Rojo para su pueblo (Ex 3:14 y 14:21). Aún la frase rara "como si quisiera pasarlos de largo" (v. 48) hacía ver la identidad de Jesús como Señor. (En Exodo 33:22, Dios puso a Moisés en el hueco de una roca y lo cubrió con su mano hasta *que El pasó*. Esto fue para proteger a Moisés porque el ver el rostro de Dios significaba muerte en tiempos del Antiguo Testamento.) Aunque Jesús pretendía "pasarlos de largo", él revela un nuevo modo de la protección divina de su pueblo: viene a estar con los que tienen miedo. Les da seguridad con su palabra: "¡SOY YO!".

El poner los milagros de los panes y del caminar sobre el agua uno a continuación del otro, parecería suficiente para convencer a cualquiera de que Dios estaba, una vez más, entre su pueblo en la persona de Jesús. Sin embargo, cuando San Marcos retrata a los discípulos de Jesús con "su mente . . . totalmente cerrada" (v. 52), parece que espera algo más de sus lectores. Espera que ellos se cuestionen sobre su propio grado de intimidad con el Señor resucitado. En sus propios tiempos tormentosos, unos cuarenta años después de la muerte y resurrección de Jesús, ¿serían las palabras alentadoras de Jesús ("¡No tengan miedo!") suficientes para ellos? ¿Estaba el miedo de los primeros discípulos todavía presente en la comunidad cristiana? San Marcos espera que sus lectores lleguen a comprender el significado de todos los acontecimientos, incluso la muerte humillante de Jesús, en la medida que comprendan más profundamente el milagro de los panes. Espera que sus temores desaparezcan cuando, en la Eucaristía, lleguen a entender sus propios sufrimientos a la luz del sacrificio de Jesús por ellos y por todo su pueblo.

6:53-56 El toque que sana. El capítulo 6 termina con un sumario diciendo que "todos los que lo tocaban quedaban sanos" (v. 56). ¡Qué con-

ció y fue a decirlo por toda aquella región. ⁵⁵Y comenzaron a traer a los enfermos en camilla adonde oían que él estaba. ⁵⁶Y dondequiera que él entraba, pueblos, ciudades, o campos, ponían a los enfermos en las plazas y le pedían les dejara tocar siquiera el fleco de su manto; y todos los que lo tocaban quedaban sanos.

7 ¹Un día se acercaron a Jesús los fariseos, y con ellos estaban unos maestros de la Ley, que habían llegado de Jerusalén. ²Esta gente se fijó que algunos de los discípulos de Jesús comían los panes con las manos impuras, es decir, sin lavárselas. ³De hecho, los fariseos (y todos los judíos), aferrados a la tradición de los mayores, no comen sin haberse lavado cuidadosamente las manos. ⁴Y tampoco comen al volver del mercado sin lavarse antes. Y son muchas las costumbres que ellos se transmiten, como la de lavar los vasos, los jarros y las bandejas. ⁵Por eso, los fariseos y maestros de la ley le preguntaron: "¿Por qué tus discípulos no respetan la tradición de los ancianos, sino que comen con las manos impuras?"

⁶Jesús les contestó: "¡Qué bien salvan las apariencias! Con justa razón hablaba de ustedes el profeta Isaías cuando escribía: *Este pueblo me honra con sus labios, pero su corazón está lejos de mí.* ⁷*El culto que me rinden de nada sirve; sus enseñanzas no son más que mandatos de hombres.*

traste! La multitud (de los vv. 53-56) corría a Jesús dondequiera que se presentaba. Sus discípulos, sin embargo, los que estaban más cerca de él, "quedaron muy asombrados. Pues ellos no habían entendido lo de los panes: su mente quedaba totalmente cerrada" (vv. 51-52). Las multitudes entusiastas también aparecen en contraste con los fariseos antagonistas que se reunían contra Jesús en el capítulo 7. Este breve pasaje ayuda a los lectores de Marcos, que desean ser discípulos íntimos de Jesús, a centrar su fe en Aquel cuyo toque puede sanarlos de sus debilidades y de la falta de significado en su vida.

7:1-23 Conflicto sobre el comer pan y el servir a Dios. Después de mostrar cuánto éxito ha tenido la misión sanadora de Jesús entre las multitudes (6:53-56), San Marcos recuerda a sus lectores la negra nube que se cierne sobre el drama entero del evangelio. Reporta ahora el conflicto detallado y grave entre Jesús y los fariseos sobre el tema de qué y cómo comer con propiedad. Eran conflictos como éste (y aquellos ya anotados en 2:1-3:6) los que llevarían a cabo el plan de los fariseos, "de neutralizar a Jesús" (3:6).

Lo que Jesús enseña en este pasaje es tan importante hoy para los lectores de San Marcos como lo era en el año 70 A.D. Jesús, presentado aquí por Marcos como el inteligente rabino judío que devuelve el desafío de los fariseos sobre la manera en que sus discípulos se preparan para comer el pan (tan diferente a sus ritos tradicionales de purificación; vv. 2-5) con una denuncia amplia de su "lealtad de dientes afuera" en la interpretación de la ley de Dios (citando a Is 29:13 en los vv. 6-7). Continúa con

⁸Ustedes incluso dispensan del mandamiento de Dios para mantener la tradición de los hombres''.

⁹Y Jesús hizo este comentario: "Ustedes dejan tranquilamente a un lado el mandato de Dios para imponer su propia tradición. ¹⁰Así, por ejemplo, Moisés dijo: *Atiende a tu padre ya tu madre,* y también: *El que maldiga a su padre o a su madre, morirá.* ¹¹Ustedes, al contrario, afirman que un hombre puede decirle a su padre o a su madre: "No puedo ayudarte, porque todo lo mío lo tengo destinado al Templo''. ¹²En este caso, según ustedes, esta persona ya no tiene que ayudar a sus padres. ¹³Así, pues, ustedes anulan la Palabra de Dios con la tradición que se han ido transmitiendo, y hacen muchas otras cosas parecidas a éstas''.

¹⁴Entonces Jesús volvió a llamar al pueblo y les dijo: "Escúchenme todos y traten de entender. ¹⁵Ninguna cosa que entra en el hombre puede hacerlo

un segundo ejemplo de piedad falsa, la tradición del *korbán,* que les negaba a los padres el cuidado que les debían sus hijos (vv. 9-13). (Los eruditos no encuentran abiertamente tal falta de piedad filial en la tradición rabínica judía, lo cual indica que esta tradición del *korbán* era probablemente una circunstancia extrema y aislada del tiempo de Jesús o de Marcos.)

Finalmente, el Jesús de San Marcos expresa el principio eterno de que no es lo que uno come ni cómo lo come lo que hace a una persona pura o impura; es más bien lo que sale del interior de la persona lo que hace a uno puro o impuro (v. 15). Luego, como si lo que piensa Jesús no estuviera suficientemente claro, San Marcos hace que Jesús explique su novedosa frase a los discípulos. Las cosas externas, como el alimento que uno come, no hacen a una persona mala. Son las acciones de uno, inspiradas desde adentro, las que muestran si una persona vive o no vive según la ley de Dios (véase la lista en los vv. 17-23). San Marcos espera que sus lectores se fijen en las diferentes formas en que viven en relación con los demás para ver si están respondiendo a Dios ''desde adentro'' (con todo su ser) o meramente ''con los labios'' (con asentimientos superficiales a la tradición).

El por qué San Marcos presenta este duro conflicto aquí, es tan importante como el mensaje que contiene. Esta sección del conflicto interrumpe la cadena de seis historias de milagros (viene después de alimentar a la multitud, el caminar sobre el agua, y el curar a las multitudes; está seguido por la curación de la hija de la Cananea, la curación del sordomudo, y la segunda multiplicación de los panes). San Marcos parece tener por lo menos dos razones para hacer esto. Primero, así aumenta la tensión de su drama, sugiriendo que cualquiera que escoja seguir a Jesús que sana encontrará muchos conflictos por causa del evangelio, quizás aún con líderes y estructuras religiosas. Segundo, el pasaje conflictivo contribuye a su tema de los discípulos ''tardos para comprender'', porque necesitan

impuro; lo que lo hace impuro es lo que sale de él. ¹⁶El que tenga oídos para oír, que oiga''. ¹⁷Cuando Jesús se apartó de la gente y entró en casa, sus discípulos le preguntaron sobre lo que había dicho. ¹⁸El les respondió: ''¿Tampoco ustedes son capaces de entender? ¿No comprenden que nada de lo que entra en el hombre puede hacerlo impuro? ¹⁹Porque no entra en su corazón, sino en su estómago, y después sale de su cuerpo''. ²⁰Así Jesús declaraba que todos los alimentos son puros.

Y luego explicaba: ''Lo que sale del hombre, eso lo hace impuro, ²¹pues del corazón del hombre salen las malas intenciones: inmoralidad sexual, robos, asesinatos, ²²infidelidad matrimonial, codicia, maldad, vida viciosa, envidia, injuria, orgullo, y falta de sentido moral. ²³Todas estas maldades salen de dentro y hacen impuro al hombre''.

²⁴Jesús salió de allí y fue a las fronteras del país de Tiro. Entró en una casa y no quería que nadie lo supiera, pero no logró pasar inadvertido. ²⁵Una mujer cuya hija estaba en poder de un espíritu malo se enteró de su venida y fue en seguida a arrodillarse a sus pies. ²⁶Esta mujer era pagana, de nacionalidad sirofenicia, y pidió a Jesús que echara al demonio de su hija.

²⁷El le contestó: ''Espera que se hayan saciado los hijos: no está bien tomar el pan de los hijos para echárselo a los per-

---

nuevamente una enseñanza especial (aquí en v. 17), como la necesitaron antes (en 4:10, 34). Así San Marcos desafía a los líderes cristianos que le escuchan a re-evaluar el modo cómo entienden y transmiten la tradición cristiana que se les confió.

7:24-37 Mujeres y hombres paganos son sanados y propagan la Buena Nueva. Las dos historias de milagros que concluyen el capítulo 7 están unidas por el tema ya familiar de Marcos sobre el deseo de Jesús de mantener el secreto mesiánico (véase el comentario sobre 1:32-34). Antes de sanar a la hija de la mujer sirofenicia, ''entró en una casa y no quería que nadie lo supiera'' (v. 24). Después de curar al sordomudo, ''les mandó que no dijeran a nadie'' (v. 36). Por supuesto, la gente sí lo reconoció; y sí contaron la buena nueva de su poder de sanar (vv. 24, 36-37). Pero aunque San Marcos anota fiel y exactamente las maravillas que Jesús hace, su tema del secreto mesiánico no permite a sus lectores olvidar que la verdadera gloria e identidad de su Señor es completamente revelada en la muerte que él sufrió por ellos.

La mujer sirofenicia que pidió a Jesús que curara a su hija poseída por el demonio, parecía tener dos cosas en contra de ella desde el principio: el ser mujer y el no ser judía; no sorprende el que se echara a los pies del predicador, hombre y judío, implorando su ayuda (vv. 25-26). Los lectores del evangelio de San Marcos del primer siglo no estarían demasiado sorprendidos de que Jesús rehusara tan severamente dar a los gentiles (los perros) lo que de derecho pertenecía a los judíos (los hijos de la casa). Aunque, sí se sorprenderían de que Jesús permitiera que una

ritos''. ²⁸Pero ella le respondió: ''Señor, debajo de la mesa los perritos comen las migajas que dejan caer los hijos''. ²⁹Entonces él le dijo: ''Vete; por lo que has dicho, el demonio ya ha salido de tu hija''. ³⁰La mujer se fue a su casa y encontró la niña acostada en cama: el demonio se había ido.

³¹Saliendo de la región de Tiro, Jesús pasó por Sidón y, dando la vuelta al lago de Galilea, llegó al territorio de Decápolis. ³²Allí le presentaron un sordo que hablaba con dificultad y le pidieron que le impusiera la mano. ³³Jesús lo apartó de la gente, le metió los dedos en los oídos y con su saliva le tocó la lengua. ³⁴Después, mirando al cielo, suspiró y dijo: ''Effetá'', que quiere decir: ''Abrete''. ³⁵En seguida se le destaparon los oídos, desapareció el

mujer pagana persistiera en su súplica y hasta que jugara con sus propias palabras para conseguir lo que deseaba: ''Debajo de la mesa los perritos comen las migajas que dejan caer los hijos'' (vv. 27-28). Se persistencia obliga a Jesús a hacer una excepción a la regla (esto es, ''cuida a tu gente primero y luego vete a los otros;'' v. 27). Cura a la hija posesa con una palabra en recompensa a la constancia de la madre y a su fe en él (v. 29).

Los lectores de San Marcos escucharían en este pasaje varias invitaciones a la acción: primero, a imitar la persistencia de la mujer, aún cuando las cosas parezcan desesperadas; segundo, a imitar a Jesús ''rompiendo las reglas'' a favor de un ''extranjero''; y tercero, a examinar su apertura a los de otras creencias, especialmente a los judíos, los primeros ''hijos e hijas de la casa''.

La historia del sordomudo es como una puerta que se abre y se cierra. Se refiere a la historia anterior de la mujer sirofenicia, porque el sordomudo también viene de una región no judía de Palestina (v. 31); y se refiere al siguiente capítulo, a la historia del ciego (8:22-26), porque es muy paralela a esta curación. Tanto el sordomudo como el ciego llegaron a Jesús con la ayuda de otros (v. 32, 8:22); en los dos casos, Jesús aparta al hombre de la multitud (v. 33; 8:23) y lo toca, usando saliva para curarlo (vv. 33-35 y 8:23, 25).

Estos paralelos tan obvios muestran claramente que San Marcos quiere que las dos curaciones se lean una al lado de la otra. De este modo, los lectores de Marcos casi no podrán dejar de ver que Jesús es el Mesías prometido mucho antes por Isaías cuando decía: ''Entonces los ojos de los ciegos se despegarán y los oídos de los sordos se abrirán'' (Is 35:5-6; véase Mc 7:37). Sin embargo, con el elemento paralelo final en las dos historias (la petición de Jesús de guardar el secreto en 7:37 y 8:26), San Marcos pide a sus lectores que recuerden otro pasaje de Isaías que Jesús ha cumplido en su vida y en su mente vivificadora: ''¿Quién podrá creer la noticia que recibimos? . . . Despreciado y tenido como la basura de los hombres, hombre de dolores y familiarizado con el sufrimiento . . .

defecto de la lengua y el hombre co-
menzo a hablar correctamente.
³⁶Jesús les mandó que no le dijeran a
nadie, pero, mientras más insistía, más
lo publicaban. ³⁷El entusiasmo de la
gente era increíble; y decían: "Todo lo
ha hecho bien; los sordos oyen y los
mudos hablan".

8 ¹En esos días, estuvo otra vez muchísima gente, y sin nada que comer;
Jesús llamó a sus discípulos y les dijo:

²"Me da pena este pueblo, porque hace
tres días que se quedan conmigo y
ahora no tienen qué comer. ³Si los
mando en ayunas a sus casas, des-
fallecerán por el camino, pues algunos
han venido de lejos".
⁴Sus discípulos le contestaron: "¿De
dónde podríamos sacar en esta soledad,
el pan que necesitan?" ⁵El les preguntó:
"¿Cuántos panes tienen?" Ellos respondieron: "Siete".

---

culpable a causa de nuestras rebeldías y aplastado por nuestros pecados.
El soportó el castigo que nos trae la paz y por sus llagas hemos sido sanados" (Is 53:1-5).

Jesús, para San Marcos, era el cumplimiento perfecto de todas las
profecías de Isaías. Era el Mesías prometido que sanaría a los sordos, los
mudos y los ciegos. Era también el inocente que sufrió por su pueblo.
Para San Marcos y sus lectores, Jesús es el que dice: "Sígueme en mi
camino. Cuida a mi pueblo, hasta que ya no haya ningún enfermo ni ningún herido en esta tierra. Pero sabe que en tu amor servicial para con
otros, tú experimentarás el mismo dolor que yo he experimentado sanán-
dote a ti. Permanece conmigo. Te daré el alimento que necesitas" (véase
8:1-10, que sigue).

8:1-10 Jesús da de comer de nuevo a la multitud. La segunda vez que
el Jesús compasivo de San Marcos da de comer a la multitud hambrienta
(8:1-9; recuérdese 6:34-44) prefigura la Eucaristía (14:22-26), tan importante para Marcos y para su comunidad. Algunos lectores piensan que
éste es el reporte de un hecho real, de una segunda multiplicación de
los panes (notando que hay muchas *diferencias* con la primera; p.e., los
números de las personas y de los panes, el diferente lugar geográfico,
etc.). Otros creen que ésta pudiera ser una segunda versión escrita del
mismo suceso (haciendo ver *las semejanzas* de las dos narraciones; p.e.,
la compasión de Jesús, las palabras y gestos semejantes que emplea,
básicamente el mismo hecho maravilloso obrado etc.; también señalan
la pregunta de los discípulos en 8:4 y creen que ésta no tiene sentido si
los discípulos acababan de ver a Jesús dar de comer a cinco mil personas
con cinco panes en el c. 6).

Cualquiera que sea la solución a este debate, está bastante claro que
San Marcos ha incluído este segundo relato de la multiplicación de los
panes para asegurar a los paganos convertidos de su comunidad que
desde el principio son bienvenidos a la Eucaristía. (Nótese que Jesús está

⁶Entonces, él mandó a la gente que se sentara en el suelo y, tomando los siete panes, dio gracias, los partió y empezó a darlos a sus discípulos para que los repartieran, y ellos se los sirvieron a la gente. ⁷Tenían además unos pescaditos; Jesús pronunció la bendición y mandó que también los repartieran. ⁸Todos comieron hasta saciarse, y de los pedazos que sobraron recogieron siete cestos. ⁹Unas cuatro mil personas habían comido. Luego Jesús los despidió. ¹⁰En seguida subió a la barca con sus discípulos y se fue a la tierra de Dalmanutá. ¹¹Vinieron los fariseos y empezaron a discutir con Jesús. Y, para ponerlo en apuros, le pidieron una señal que viniera del Cielo. ¹²Jesús suspiró profundamente y exclamó: "¿Por qué esa gente pide una señal? Yo les aseguro: A esta gente no se le dará ninguna señal". ¹³Y

todavía en territorio pagano en este momento; 7:24, 31, y 8:10. Nótese también la frase del v. 3, "algunos han venido de lejos", esto es, "desde un lugar lejano", que es una manera común entre los primeros cristianos de referirse a los paganos convertidos.) Marcos expresa así que Jesús es el dador del pan, que está dispuesto a satisfacer a sus hambrientos seguidores de cualquier procedencia que sean. También sugiere que la Eucaristía cristiana es el lugar para formar la verdadera comunidad cristiana, donde personas de diferentes procedencias se hacen uno en el Señor que da pan a todos en gran abundancia.

¿Necesitaba el primer público de San Marcos oír que la Eucaristía era para unir a los diversos sectores de la comunidad? ¿Necesitan hoy los lectores del evangelio de Marcos oir el mismo mensaje, cuando personas de diversas iglesias cristianas se esfuerzan por unirse nuevamente tanto en su culto como en su misión? Quizás San Marcos quiere que todos sus lectores oigan a Jesús decir: "Hoy mi corazón se mueve a compasión *por ustedes*. Ustedes tienen hambre de unidad. Deseo que ustedes lleguen a ser un solo cuerpo, un solo espíritu en mí" (Plegaria eucarística III).

8:11-13 Esta generación busca una señal. Este breve encuentro con los fariseos es poco más que una transición. Une la segunda multiplicación de panes (8:1-10) con la escena de Jesús en la barca con los discípulos, pidiéndoles *ocho* veces que traten de comprender quién es realmente él (8:14-21). Sin embargo, este pequeño pasaje de transición sirve al propósito de hacer resaltar aún más la tensa relación entre Jesús y los fariseos. Está elaborado con emoción y tensión. En la versión de San Mateo (Mt 12:38-42), Jesús da una clara y serena respuesta a la petición de los fariseos: se les dará la señal del "profeta Jonás", dando a entender los tres días que Jesús pasará en la tumba antes de su resurrección. Aquí en la versión de San Marcos, Jesús sólo "suspira profundamente" (v. 12), y los deja, sin satisfacer su deseo de obtener unas palabras o unas obras sobre la "señal del cielo".

dejándolos, subió a la barca y se fue al otro lado del lago.

¹⁴Se habían olvidado de llevar panes y sólo tenían un pan en la barca. ¹⁵En cierto momento Jesús les dijo: "Abran los ojos y tengan cuidado de la levadura de los fariseos como de la de Herodes". ¹⁶Entonces ellos su pusieron a decir entre sí: "Será porque no tenemos pan".

¹⁷Dándose cuenta, Jesús les dijo: "¿Por qué están hablando que no tienen pan? ¿Todavía no entienden ni se dan cuenta? ¿Tienen la mente cerrada?

¹⁸¿Teniendo ojos no ven, y teniendo oídos no oyen? ¿No recuerdan ¹⁹cuando repartí cinco panes entre cinco mil personas? ¿Cuántos canastos llenos de pedazos recogieron?" "Doce", contestaron ellos. ²⁰Y cuando repartí los siete panes entre cuatro mil, ¿cuántos cestos llenos de sobras recogieron?" "Siete", contestaron. ²¹Y Jesús les dijo: "¿Todavía no entienden?"

²²Cuando llegaron a Betsaida, le trajeron un ciego y le pidieron que lo tocara. ²³Jesús tomó al ciego de la mano y lo

De esta manera, San Marcos retrata a un Jesús tan humano y tan parecido a sus lectores que puedan ellos identificarse con él en sus frustraciones con los líderes religiosos de su día, así como ya se han identificado con él en su compasión por la multitud hambrienta del pasaje anterior. El Jesús de San Marcos es uno como ellos en todo, hasta en los conflictos frustrantes con los incrédulos líderes religiosos de su día.

8:14-21 Jesús busca ser reconocido y comprendido. En dos episodios anteriores en el mar (4:35-41 y 6:45-52), Jesús se revela a sí mismo como el Señor del mar, y en ambos casos los discípulos no entienden el "significado de los sucesos" (6:52). Una vez más, cerca del lago, Jesús desea que vean quién es él. Esta vez les pide que mantengan los ojos abiertos y que no sean como la mala "levadura de los fariseos y de Herodes" (v. 15). (Estos veían a Jesús como un operador de milagros muy popular que amenazaba su autoridad como líderes religiosos y políticos del pueblo.) Puesto que los discípulos se "habían olvidado de llevar panes", también se les escapó lo que Jesús quería decir sobre la levadura de los fariseos (vv. 14 y 16). Consecuentemente, con una lluvia de ocho preguntas, Jesús hace que sus discípulos se den cuenta de que no le están entendiendo, como los fariseos (v. 17). Ellos que vieron cuando curó al sordomudo (7:31-37), tienen oídos pero no oyen (v. 18). Ellos que fueron testigos de la multiplicación de los panes para alimentar a las multitudes (cc. 6 y 8) "todavía no entienden" que sólo él basta para alimentarlos (v. 21).

Cuando Jesús pregunta cuánto pan recogieron (v. 20), es la decimaséptima vez que los panes han sido mencionados en los capítulos 6 al 8, y la última vez que se mencionan hasta la escena de la Ultima Cena, en 14:22. Al final de la sección de "el pan y la ceguera", San Marcos espera que sus lectores examinen su aprecio por la celebración de la Eucaristía en la comunidad cristiana. También les invita a ver, oir y entender las

sacó fuera del pueblo. Después de mojarle los ojos con saliva, le impuso las manos y le preguntó: "¿Ves algo?" ²⁴El ciego, que empezaba a ver, dijo: "Veo a los hombres, pero como si fueran árboles que caminan". ²⁵Jesús le puso nuevamente las manos en los ojos y empezó a ver perfectamente; el hombre quedó sano, ya que de lejos veía claramente todas las cosas.

²⁶Y Jesús lo mandó a su casa, diciéndole: "Ni siquiera entres en el pueblo".

III. EL MISTERIO COMIENZA A SER REVELADO

²⁷Salió Jesús con sus discípulos hacia los pueblos de Cesarea de Filipo, y por el camino les preguntó: "¿Quién dicen los hombres que soy yo?" ²⁸Ellos contestaron: "Algunos dicen que eres Juan

diferentes formas en las que su Señor ("el único pan" del v. 14) desea participar en sus vidas.

8:22-26 Un ciego ve perfectamente, gradualmente. Para ahora, el hecho que Jesús cura a una persona más no es nada especial para los lectores del evangelio de San Marcos. Sin embargo, para cualquiera que esté siguiendo el hilo del drama evangélico hasta este punto, ésta es una curación muy especial. Esto es porque por primera vez, una persona ciega es curada. También es curada "en etapas", inmediatamente antes del pasaje en que Pedro y los discípulos comienzan a vislumbrar el camino que Jesús debe seguir (vv. 27-38). Estos detalles especiales llevan a los lectores de San Marcos a darse cuenta de que el ciego del capítulo 8 es mucho más que un individuo a quien Jesús curó en el año 30 A.D. El es símbolo de los primeros discípulos y de todos los discípulos de Jesús, siempre necesitados de su toque que ilumina. Los lectores de San Marcos han empezado a ver más claramente. ¿Están listos para seguir adelante con Jesús en su camino?

EL CAMINO DE JESUS SE ACLARA

Marcos 8:27–10:52

En los primeros ocho capítulos de su evangelio, San Marcos ha retratado a la gente alrededor de Jesús, tanto amiga como enemiga, como gente ciega al verdadero significado de los milagros (diez y nueve hechos milagrosos concluyen con 8:21: "¿Todavía no entienden?"). Siguen dos capítulos y medio muy bien entrelazados, unidos por la historia del ciego que acaba de concluir (8:22-26) y con una segunda historia de otro ciego que terminará con el hombre curado siguiendo a Jesús "en el camino hacia" Jerusalén, el fin de su viaje y el final de su camino (10:52 y 11:1). Entre estos dos "sujetalibros" de los pasajes de los ciegos, Marcos pone

Bautista; otros, que Elías; otros, que eres alguno de los profetas".

²⁹El, entonces, les preguntó: "Y ustedes, ¿quién dicen que soy yo?" Pedro le contestó: "Tú eres el Cristo".

³⁰Pero Jesús les dijo con firmeza: "No se lo digan a nadie".

³¹Luego comenzó a enseñarles que el Hijo del Hombre debía sufrir mucho y ser rechazado por los notables, los jefes

tres predicciones claras de la pasión de Jesús, cada una de ellas seguida de la continuada incomprensión por parte de los discípulos.

Conforme se desarrollan estos capítulos, se desarrolla también la revelación de Jesús sobre sí mismo como el que resucitará (en cada una de la predicciones y en 9:2-9). Pero, por supuesto, los discípulos no entienden esto tampoco (9:10). Quizás lo más importante que pasa en estos capítulos es la manera en la cual San Marcos convierte varias historias de milagros y diálogos en oportunidades para tener "momentos de enseñanza" explícitos sobre el significado de la vida cristiana y sus exigencias radicales. Por esto, los milagros de la primera mitad del evangelio son reemplazados por enseñanzas duras en la segunda mitad.

Si hay algún llamado general que los lectores de estos capítulos deben oír, será el llamado a tener tanta confianza como los niños pequeños en el servicio de los demás. (Las expresiones "niñitos" y "siervos" abundan en estos capítulos, como "panes" y "ceguera" dominaron los cc. 6-8.) Quizás, por el relato de la curación del segundo ciego (final del c. 10), los que *escuchan* el mensaje de Jesús y sus enseñanzas, finalmente *verán* quién es la persona a la que siguen y que la misión en que ellos comparten es radical pero sencilla, agotadora pero transformadora; es imposible para ellos solos, pero no para Dios. Su camino es el servicio y la entrega que da vida a los demás y preserva la suya propia.

8:27-9:1 La revelación del camino del Mesías y de sus seguidores. Al acercarse a Cesarea de Filipo, los lectores de Marcos, junto con Jesús y sus discípulos (v. 27), llegan al primer y principal climax del drama evangélico de Marcos. (El segundo climax está en el relato de la pasión, cc. 15-16.) Hasta ahora, San Marcos ha estado revelando quién es Jesús en los hechos poderosos que ha obrado. Junto con esta revelación, San Marcos ha reportado también la repugnancia de Jesús a que la gente crea en él solamente a causa de esos hechos maravillosos. (Recuérdese el "secreto" de 8:26; 7:36; 5:43, etc.) Este pasaje de Cesarea de Filipo es el corazón de la narración. Jesús dice ahora explícitamente que su camino es un camino de dolor; el camino del Mesías es el camino de la cruz.

Marcos, Mateo, y Lucas incluyen este pasaje importante. Sin embargo, mientras la confesión de fe de San Pedro recibe la recompensa de "las llaves del Reino" en el evangelio de San Mateo (Mt 16:19), San Marcos

de los sacerdotes y los maestros de la Ley; que iba a ser condenado a muerte y que resucitaría después de tres días. ³²Hablaba con mucha claridad. ³³Debido a eso, Pedro lo llevó aparte y comenzó a reprenderlo. En cierto momento Jesús se dio vuelta y vio a sus discípulos. Entonces reprendió a Pedro con estas palabras: ''¡Detrás de mí, Satanás! Tú no piensas como Dios, sino como los hombres''.

³⁴Luego llamó no solamente a sus discípulos, sino que a toda la gente, y les dijo: ''Si alguno quiere seguirme, que se niegue a sí mismo, tome su cruz y sígame. ³⁵Pues quien quiera asegurar su vida la perderá; y quien sacrifique su vida por mí y por el Evangelio, se salvará.

³⁶¿De qué le sirve al hombre ganar el mundo entero si se pierde a sí mismo? ³⁷Pues, ¿de dónde sacará con qué rescatarse a sí mismo? ³⁸Sepan que si alguno se avergüenza de mí y de mis palabras en medio de esta gente adúltera y pecadora, también el Hijo del

sólo dice que se le dijo a Pedro que no dijera a nadie que Jesús era el Mesías (v. 30). San Marcos sabía bien lo que Pedro quería decir con ''Mesías'', esto es, ''el poderoso liberador venido de Dios''. San Marcos sabía también que Jesús entendía ese título de manera diferente, esto es, que significaba que él era ''el Hijo del Hombre, (quien) debía sufrir mucho y ser rechazado . . . ser condenado a muerte y que resucitaría después de tres días'' (v. 31).

El relato continúa, mostrando que San Pedro y los discípulos no estaban preparados para entender esto. Deseaban un líder que pudiera librarlos del dolor, y no uno que experimentaría el sufrimiento y la muerte misma. Consecuentemente, San Pedro regaña a Jesús (v. 32), haciéndolo enojar hasta tal punto que envía a Pedro lejos de sí, como si fuera el diablo mismo (v. 33). En verdad, cuando San Marcos cambia el enfoque de la escena de Pedro a la multitud y los discípulos (v. 34), sus lectores descubren que ellos también deben compartir la lucha de los discípulos con la realidad dura y fría de que Jesús no es el ''que cura todo instantáneamente'' como ellos desearían que fuera. Pueden oírlo hablarle directamente a ellos, diciendo: ''Si alguno quiere seguirme, que se niegue a sí mismo, tome su cruz y sígame'' (v. 34).

Aún el lector de hoy encuentra difícil aceptar la afirmación absoluta y radical que sigue: ''El que quiere asegurar su vida la perderá'' (v. 35). ''¿De dónde sacará con qué rescatarse a sí mismo?'' (v. 37). Sí, dice San Marcos, cualquiera que se llame seguidor de Jesús, debe estar dispuesto a perder su vida por Jesús y por el evangelio (v. 35). San Marcos empuja así a sus lectores hasta el borde. O bien se entregan a sí mismo en confianza total al Mesías doliente a quien siguen, o se exponen a la terrible posibilidad de escuchar un juicio desfavorable: ''el Hijo del Hombre se avergonzará de él cuando venga con la gloria de su Padre rodeado de sus santos ángeles'' (v. 38).

Hombre se avergonzará de él cuando venga con la Gloria de su Padre, rodeado de sus santos ángeles''.

9 ¹Jesús les decía también: ''Yo les aseguro que algunos de los que están aquí presentes no morirán antes de haber visto descender el Reino de Dios con todo su poder''. ²Seis días después, Jesús tomó consigo a Pedro, a Santiago, y a Juan, y los llevó aparte, ellos solos, a un monte muy alto. Y allí cambió de aspecto delante de ellos. ³Sus ropas se volvieron resplandecientes, tan blancas como nadie en el mundo sería capaz de blanquearlas de ese modo. ⁴Y se les aparecieron Elías y Moisés, los cuales conversaban con Jesús. ⁵Pedro tomó la palabra dijo a Jesús: ''Maestro, !qué bueno que estemos aquí!; levantemos tres chozas, una para ti, otra para Moisés y otra para Elías''. ⁶En realidad, no sabía lo que decía, porque estaban aterrados.

Aunque los lectores de Marcos del año 70 A.D. no se encontraban entre ''los que están aquí presentes'' en el año 30 A.D. (9:1), el desafío urgente era también para ellos, porque ''el Reino de Dios establecido con poder'' podía venir a ellos a cualquier hora. De la misma manera, aunque los lectores del evangelio de San Marcos del siglo veinte pudieran no compartir su esperanza en un regreso inminente de Jesús en gloria y majestad, la urgencia de toda esta sección de su evangelio provoca un cuestionamiento profundo para cada cristiano individualmente y para toda la iglesia. Si los lectores de San Marcos van a tomar a Jesús en serio, ¿cómo pueden empezar hoy a vivir su vida cristiana más radicalmente? ¿Cuáles son los tiempos y las circunstancias en que ellos pueden ser personas de valores evangélicos en medio del mundo de hoy? El Jesús de San Marcos responderá a estas preguntas con algunos puntos concretos en los capítulos 9 y 10. Por ahora, San Marcos permite a sus lectores sentarse y responder a estas preguntas, antes de llevarlos a la cumbre de la montaña con Pedro, Santiago, y Juan (9:2-8).

9:2-13 Revelación de gloria (y sufrimiento). Casi parece que San Marcos sabe que sus lectores estarán agotados después del encuentro en Cesarea de Filipo, porque continúa ''seis días después'' con uno de los hechos más animadores y consoladores de su evangelio: la transfiguración. Jesús lleva a Pedro, Santiago, y Juan a la montaña con él, los mismos tres que había llevado consigo cuando resució a la niña (v. 2; recuérdese 5:37-40). Los tres tienen un vislumbre de Jesús en su deslumbrante gloria (v. 3). Cuando lo ven conversando con Elías y Moisés, se sienten asombrados al darse cuenta de que Jesús es el cumplimiento de los profetas (Elías) y de toda la Ley (Moisés).

Pedro quiere capturar el momento consolador y retener a Jesús, Moisés, y Elías, allí, con ellos (v. 5). Sin embargo, San Marcos no permite que sus lectores permanezcan en la cumbre de la montaña más de lo que

⁷En eso se formó una nube que los cubrió con su sombra, y desde la nube llegaron estas palabras: "Este es mi Hijo amado: a él han de escuchar". ⁸Y de pronto, miraron a su alrededor: no vieron ya a nadie; sólo Jesús estaba con ellos.

⁹Cuando bajaban del cerro, les ordenó que no dijeran a nadie lo que habían visto, hasta que el Hijo del Hombre resucitara de entre los muertos. ¹⁰Ellos guardaron el secreto, aunque se preguntaban unos a otros qué sería eso de resucitar de entre los muertos.

¹¹Los apóstoles, sin embargo, objetaron a Jesús: "¿No dicen los maestros de la Ley que Elías ha de venir antes?" ¹²Jesús les contestó: "Ya sabemos: Elías viene primero y deja todo reordenado . . . Pero entonces, ¿por qué dice la Biblia que el Hijo del Hombre sufrirá mucho y será despreciado?" ¹³Yo les digo que Elías ya vino e hicieron con él todo lo que quisieron, como de él estaba escrito".

¹⁴Cuando llegaron donde los discípulos, los vieron rodeados de muchísima gente y, en especial, de unos maestros

Pedro, Santiago, y Juan estuvieron allí. En lugar de eso, la voz de Dios desde la nube repite lo que había dicho antes en el bautismo de Jesús: "Este es mi Hijo, muy amado" (1:11). Luego la voz añade: "¡Escúchenlo!" (v. 7). Los lectores de San Marcos no tienen que esforzarse mucho para recordar lo que Jesús ha dicho para que ellos lo escuchen (8:34–9:1). Su refrescante pausa en la montaña ha terminado. Los vislumbres y pruebas de gloria que los cristianos reciben de Dios son reales, pero, según San Marcos, se otorgan para que los cristianos puedan seguir adelante con él, y sólo con él (v. 8).

Cualquier iluminación que Pedro, Santiago, y Juan recibieron en la montaña parece deslustrada cuando San Marcos relata la conversación que tuvieron con Jesús a la bajada (vv. 9-13). Jesús sabía, dice San Marcos, que tendrían dificultad en aceptar el hecho de que él tendría que sufrir mucho y morir antes de resucitar. Por eso les dijo que no se excitaran ni ellos ni otros, por la gloria de la transfiguración, hasta que él hubiera resucitado de entre los muertos (v. 9). Preguntan sobre el papel que Elías tendría en la restauración del pueblo de Dios, y Jesús les responde con una pregunta suya acerca del papel del sufrimiento del Hijo del Hombre (v. 12). Luego contesta su pregunta diciendo que Elías ya ha venido y cumplido su papel (1 Re 19:2-10; igualmente, el Jesús de San Marcos se refiere a Juan Bautista como "Elías, su precursor"). Así, al terminar esta sección, Pedro, Santiago, y Juan, tanto como los lectores de San Marcos, deben responder a la pregunta pendiente de Jesús (v. 12): "¿No está escrito también que el Hijo del Hombre sufrirá mucho será despreciado?"

9:14-29 "¡Creo! ¡Ayuda mi poca fe!" La curación del niño poseso es una de las historias de milagros más largas del evangelio de San Marcos (sólo la expulsión de los demonios en 5:1-20 es más larga). Es también una de las más detalladas, llegando a ser un poco complicada por la repeti-

de la Ley que discutían con ellos. [15]Al ver a Jesús, la gente quedó sorprendida y corrieron a saludarlo. [16]El les preguntó: "¿Qué estaban discutiendo con ellos?" [17]Y uno del gentío le respondió: "Maestro, te he traído a mi hijo que tiene un espíritu mudo, [18]que en cualquier momento se apodera de él y lo tira al suelo, y el niño echa espuma por la boca, rechina los dientes y se queda rígido. Les pedí a tus discípulos que echaran este espíritu, pero no pudieron". [19]El les respondió: "¡Qué generación tan incrédula! ¿Hasta cuándo tendré que estar con ustedes? ¿Hasta cuándo tendré que soportarlos? Tráiganme al muchacho". Y se lo trajeron. [20]Apenas vio a Jesús, el espíritu sacudió violentamente al muchacho que, cayendo al suelo, se revolcaba echando espuma por la boca. [21]Entonces Jesús preguntó al padre: "¿Cuánto tiempo hace que le pasa esto?" [22]Y él le contestó: "Desde niño. Y muchas veces el

espíritu lo lanza al fuego y al agua para matarlo; por eso, si puedes hacer algo, ayúdanos, ten compasión de nosotros". [23]Jesús le dijo: "¿Por qué dices: si puedes? Todo es posible para el que cree". [24]Al instante el padre gritó: "Creo, ¡pero ayuda mi poca fe!"
[25]Y cuando Jesús vio que se amontonaba la gente, ordenó al espíritu malo: "Espíritu sordo y mudo, te mando que salgas y no entres más en él". [26]Se oyó un grito tremendo; el espíritu lo sacudió y lo tiró al suelo antes de salir, dejándolo como muerto. Y muchos creyeron que había muerto. [27]Pero Jesús, tomándolo de la mano, lo levantó y el muchacho se puso de pie. [28]Cuando entró en casa, sus discípulos le preguntaron en privado: "¿Por qué nosotros no pudimos expulsarlo?" [29]Y él les respondió: "Esta clase de demonios de ningún modo puede irse sino mediante la oración". [30]Al salir de allí atravesaron la Galilea sin detenerse. Jesús quería que nadie lo

ción de algunos detalles (p.e., en el v. 22 el padre del niño le dice a Jesús lo que *ya* le había dicho en el v. 18; la multitud se reúne dos veces en la misma historia en los vv. 15 y 25). A pesar de ser la narración tan larga y detallada, el mensaje que San Marcos desea dar es muy claro y sencillo: Todo es posible para el que cree (v. 23), y la fe se profundiza con la oración (v. 29).

Aunque Jesús es el que cura al niño (vv. 25-27), es la profesión de fe del padre lo que San Marcos muestra a sus lectores como digna de imitación. Aún en los momentos más desesperados, cuando la oración y la fe parecen inútiles, Jesús invita a sus seguidores a dar un paso más y a orar como el padre del niño; "Creo, ¡pero ayuda mi poca fe!" (v. 24). Quizá el lector atento del evangelio oirá los ecos del mensaje de Jesús por todo el texto (p.e., "el miedo es inútil; lo que necesitas es tener fe" en 5:36; "Señor, debajo de la mesa los perritos comen las migajas que dejan caer los hijos", en 7:28), pidiendo una fe persistente y aún más radical en él. El mismo tema continuará en los siguientes pasajes, en los cuales la confianza total de los niños llega a ser el modelo de lo que es necesario para compartir el Reino de Dios (9:35-37 y 10:13-16).

supiera, [31]porque iba enseñando a sus discípulos. Y les decía: "El Hijo del Hombre va a ser entregado en manos de los hombres, que le darán muerte; y, a los tres días de muerto, resucitará". [32]Pero ellos no entendían lo que les decía y tenían miedo de preguntarle.

IV. LA PLENA REVELACION DEL MISTERIO

[33]Llegaron a Cafarnaún y, una vez en casa, Jesús les preguntó: "¿Qué venían discutiendo por el camino?" [34]Ellos se quedaron callados, porque habían discutido entre sí cuál era el más importante de todos.

[35]Entonces se sentó, llamó a los Doce y les dijo: "Si alguno quiere ser el primero, que se haga el último de todos y el servidor de todos". [36]Y, tomando a un niño, lo puso entre ellos, lo estrechó entre sus brazos y les dijo: [37]"El que recibe a un niño como éste en mi Nombre, a mí me recibe; y el que me recibe, no me recibe a mí, sino al que me envió".

[38]Juan le dijo: "Maestro, vimos a uno que no era de los nuestros y que hacía

9:30-32 La segunda (de tres) predicciones de muerte y resurrección. Los discípulos de Jesús no fueron capaces de expulsar al demonio de un joven (9:18) por la falta de fe entre la gente (9:19) y por su falta de oración (9:29). ¿Sorprende, entonces, que los discípulos no entendieran el significado de la segunda predicción de Jesús sobre su muerte y resurrección (vv. 31-32)? La nota de San Marcos sobre que "tenían miedo de preguntarle" acerca de esta predicción (v. 32), puede ayudar a los lectores a enfrentarse con el hecho de que los Doce abandonarán a Jesús en su pasión y muerte. También podrá animar a los lectores a hacer una pausa, para examinar sus propios temores, y expresarlos confiadamente en oración ante el Señor.

9:33-50 Algunas exigencias radicales del discipulado. Cada evangelista anota aquellas enseñanzas de Jesús que responden a las necesidades de sus lectores. Aquí notamos algunas preocupaciones que San Marcos espera que su comunidad confronte: (1) la ambición entre ellos mismos (vv. 33-37); (2) la envidia e intolerancia de otros (vv. 38-41); y (3) el escándalo a los demás (vv. 42-48).

La primera preocupación, el mal de la ambición, es una de las principales para San Marcos como pastor de su comunidad. (Esto llega a ser aún más claro en el capítulo 10 cuando la tercera predicción de la pasión es seguida por otro aviso contra de la ambición, 10:35-45.) ¡Qué ambiciosos eran los discípulos de Jesús! Discutían sobre quién era el más importante entre ellos (9:33-34), en lugar de tratar de entender el significado de la predicción de la pasión de su líder (9:32). La respuesta de Jesús (y de San Marcos) es directa y sencilla: ser "importante" entre los seguidores de Jesús significa ser un humilde siervo, no un orgulloso y el "primero" (v. 35). En los versículos 36-37 el Jesús de San Marcos se presenta a sí mismo y al niño como modelos de apertura a los demás: "El

uso de tu Nombre para expulsar a los espíritus malos, pero se lo prohibimos porque no anda con nosotros''. ³⁹Jesús contestó: ''No se lo prohíban, ya que nadie puede hacer un milagro en mi Nombre y luego hablar mal de mí. ⁴⁰El que no está contra nosotros, está con nosotros. ⁴¹Y cualquiera que les dé de beber un vaso de agua por ser discípulos de Cristo, les aseguro que no quedará sin recompensa.

⁴²Si alguno hace tropezar y caer a uno de estos pequeños que creen en mí, mejor sería para él que le ataran el cuello una gran piedra de moler y lo echaran al mar.

⁴³Y si tu mano es para ti ocasión de pecado, córtela. Pues es mejor para ti que entres con una sola mano en la Vida, que no con las dos ir a la gehenna, al fuego que no se apaga. ⁴⁴Y si tu pie es para ti ocasión de pecado, córtatelo, ⁴⁵pues es mejor para ti que entres cojo en la Vida, que no con los dos pies ser arrojado a la gehenna. ⁴⁶Y si tu ojo es para ti ocasión de pecado, sácatelo. ⁴⁷Pues es mejor para ti que entres con un solo ojo en el Reino de Dios, que no con los dos ser arrojado al infierno, ⁴⁸donde el gusano no muere y el fuego no se apaga. ⁴⁹Pues el mismo fuego los conservará.

⁵⁰La sal es buena, pero si la sal pierde su sabor, ¿con qué se lo devolverán? Tengan sal en ustedes y vivan en paz unos con otros.

que recibe a un niño como éste en mi nombre, a mí me recibe''. ¡Qué contraste con los intereses de los discípulos (en el v. 34)! ¡Qué diferencia con sus actitudes tan cerradas a los demás (en los vv. 38-42)!

La segunda preocupación de San Marcos, la mezquindad arrogante y la envidia, se demuestra cuando Juan y los otros discípulos tratan de excluir a unos que no son del grupo y que andan bautizando, y los exhorta a que sean tolerantes y abiertos a los que tengan buena voluntad: ''El que no está contra nosotros, está con nosotros . . . no quedará sin recompensa'' si hace algo en nombre de Jesús (vv. 40-41).

La tercera preocupación, el peligro de ser causa de escándalo para otros (v. 42), recibe de Jesús (y de Marcos) una respuesta dura, con el símbolo tradicional del fuego inextinguible de gehenna (vv. 43-48). A fin de evitar ese fuego, los seguidores de Jesús deben ser extremadamente cuidadosos para no dar mal ejemplo a nadie. De verdad, sería mejor perder un brazo o una pierna y entrar en el cielo sin estos miembros, que ser causa de escándalo y ser arrojado al infierno.

San Marcos concluye esta sección tan exigente de su evangelio con una ambigua y poderosa metáfora. Jesús dice que sus seguidores serán purificados (''salados''—conservados—por el fuego del v. 49) para que puedan estar en paz consigo mismos y con los demás (la sal útil, sabrosa del v. 50). Así presenta una mezcla muy sazonada de desafíos para sus propios discípulos y para los lectores del año 70 A.D. y para los de hoy. Sus lectores deben reflexionar sobre la vitalidad de su espíritu evangélico. Deben también desarraigar los males de la ambición, la envidia, y el escándalo dondequiera que se encuentren entre ellos.

10 ¹Una vez que partio de allí, se fue a los límites de Judea, al otro lado del Jordán. Nuevamente las muchedumbres se pusieron en camino para ir donde él, y él volvió a enseñarles de la manera como solía hacerlo. ²En eso unos fariseos vinieron a él con ánimo de probarlo y le preguntaron: "¿Puede el marido despedir a su esposa?" ³El les respondió: "¿Qué les ha ordenado Moisés?" ⁴Ellos contestaron: "Moisés ha permitido firmar el acta de separación y después divorciarse".

⁵Jesús les dijo: "Moisés escribió esta ley porque ustedes son duros de corazón. ⁶Pero la Biblia dice que al principio, al crearlos, *Dios los hizo hombre y mujer.* ⁷*Por eso dejará el hombre a su padre y a su madre para unirse con su esposa* ⁸*y serán los dos uno solo.* De manera que ya

10:1-12 Los fariseos preguntan sobre el divorcio. La respuesta de Jesús.
Siguiendo su viaje hacia el sur desde Cafarnaún (véase 9:33), Jesús llega por fin a Judea (10:1), en su camino a Jerusalén (10:32). En Judea, Jesús continúa predicando su exigente mensaje (empezado en 8:34-38 y 9:33-50). Sin embargo, en el capítulo 10, parece que San Marcos trata intencionalmente, de establecer un cierto modelo y ritmo que gradualmente culminará en el climax de su evangelio. El arreglo de San Marcos consta de tres pasajes en los cuales Jesús se encuentra con caracteres particulares (los fariseos del v. 2; el joven del v. 17; Santiago y Juan en el v. 35). El Jesús de San Marcos aprovecha estos encuentros para enseñar en privado a los Doce (v. 10, v. 23, y v. 41). Estos tres pasajes similares están rítmicamente balanceados con tres "modelos" para que el discípulo cristiano los imite (el niño de los vv. 13-16; Jesús mismo en los vv. 32-34, y el ciego en los vv. 46-52).

El primer encuentro del capítulo 10 tiene que ver con el tema siempre importante de la fidelidad de los esposos en su relación matrimonial (vv. 1-12). La iglesia primitiva tenía cuidado por mantener las actitudes de Jesús en lo concerniente a cosas importantes de la vida diaria. Aquí, Marcos ofrece la tradición primitiva sobre la actitud de Jesús hacia el matrimonio y el divorcio (vv. 6-9). Mientras que otros maestros permitían a los hombres divorciarse de sus esposas en ciertos casos, Jesús enseñó que no estaba permitido "separar lo que Dios unió", usando el Génesis 1:27 y 2:24 como autoridad para su interpretación. En otras palabras, la tradición de Jesús propone claramente que no está permitido a un hombre divorciar a su esposa. Después de hablar Jesús en privado con los Doce (v. 10), San Marcos ofrece lo que había llagado a ser la primitiva adaptación de las palabras de Jesús para la comunidad cristiana, esto es, si un hombre o una mujer se divorcian, no pueden volverse a casar si no quiere ser considerado un adúltero (vv. 11-12).

En estos pocos versículos, los lectores de hoy del evangelio de San Marcos pueden ver la lucha de la Iglesia primitiva reflejada en una de

no son dos, sino uno solo. ⁹Pues bien, lo que Dios unió, que no lo separe el hombre".

¹⁰Y, cuando estaban en casa, los discípulos le volvieron a preguntar lo mismo, ¹¹y él les dijo: "El que se separe de su esposa y se casa con otra, comete adulterio contra la primera; ¹²y si ésta deja a su marido y se casa con otro, también comete adulterio".

¹³Algunas personas presentaron sus niños a Jesús para que él los tocara; y los discípulos reprendieron a esa gente. ¹⁴Jesús, al ver esto, se indignó y les dijo: "Dejen que los niños vengan a mí. ¿Por qué se lo impiden? El Reino de Dios es para los que se parecen a los niños, ¹⁵y les aseguro que quien no reciba el Reino de Dios como un niño, no entrará en él". ¹⁶Jesús los abrazaba y luego

las áreas más dolorosas de la Iglesia y la sociedad contemporáneas—el significado de la fidelidad en las relaciones matrimoniales. En el corazón del mensaje del evangelio de San Marcos está el desafío de Jesús a los esposos a vivir en unión fiel y perpetua hasta la muerta. Al mismo tiempo, reconociendo la difícil realidad de la vida, aún este primer evangelio parece permitir la separación (pero sin volverse a casar) de los esposos que no puedan ya amarse mutuamente como marido y mujer. (El evangelio de San Marcos, en 19:9, añade otra "cláusula de excepción" que muestra cómo se trataba este importante tema en la comunidad de Mateo.) Así, hay algunos a quienes el Jesús de San Marcos desafiará a continuar siendo fieles para siempre; hay otros a quienes desafiará a adaptarse, como la iglesia primitiva lo hizo, a las necesidades y sentimientos de los que no pueden ya vivir con su pareja.

10:13-16 El modelo del niño: confianza total. Quizás la enseñanza de Jesús sobre la fidelidad en el matrimonio inspiró a San Marcos a continuar el tema (10:1-12) con la imagen del niño (vv. 13-16). San Marcos dice en estos versículos que sólo una confianza de niño puede ayudar a los cristianos a vivir según las exigencias de Jesús las relaciones concretas diarias, en la familia y en todo lo demás. Una vez más, los discípulos parecen querer evitar el oír la verdad. Regañan a la gente por traer a los niños a Jesús (v. 13). Por su parte, la compasión humana de Jesús se inflama hasta una indignación apasionada con ellos. Sólo Marcos anota el enojo de Jesús con los discípulos y sus cariños tiernos a los niños (vv. 14 y 16; compárese Mt 19:14-15).

Cuando Jesús dice que es sólo a aquellos que están tan necesitados y tan dispuestos a recibir como los niños, a quienes pertenece el Reino de Dios (vv. 14-15), invita a sus lectores a considerar más profundamente su propia debilidad humana. Sólo así puede el poder de su Dios y Padre vivir en ellos. La aceptación positiva de la propia debilidad y del poder de Dios lleva muy cerca a los lectores de Marcos de tener la experiencia del Reino de Dios en sus corazones. Como Jesús dirá en la siguiente sec-

ponía sus manos sobre ellos para bendecirlos.

¹⁷Jesús estaba a punto de partir, cuando uno corrió a su encuentro, se arrodilló delante de él y le preguntó: "Maestro bueno, ¿qué tengo que hacer para conseguir la vida eterna?" ¹⁸Jesús le respondió: "¿Por qué me llamas bueno? Uno solo es bueno, y ése es Dios. ¹⁹Ya conoces los mandamientos: No mates, no cometas adulterio, no robes, ni digas cosas falsas de tu hermano, no seas injusto, honra a tu padre y a tu madre". ²⁰El otro contestó: "Maestro, todo esto lo he practicado desde muy joven". ²¹Jesús lo miró, sintió cariño por él y le dijo: "Sólo te falta una cosa: anda, vende todo lo que tienes, dalo a los pobres, y así tendrás un tesoro en el Cielo. Después, ven y sígueme". ²²Cuando el otro oyó estas palabras, se sintió golpeado, porque tenía muchos bienes, y se fue triste. ²³Entonces Jesús, mirando alrededor de él, dijo a sus discípulos: "¡Qué difícilmente entrarán en el Reino de Dios los que tienen las riquezas!" ²⁴Los discípulos se sorprendieron al oír estas palabras. Pero Jesús insistió: "Hijos míos, ¡qué difícil es entrar en el Reino de Dios! ²⁵Es más fácil para un camello pasar por el ojo de la aguja, que para un rico entrar en el Reino de Dios". ²⁶Ellos se asombraron más todavía y comentaban: "Entonces, ¿quién puede

ción del evangelio, "para los hombres es imposible, pero no para Dios, porque para Dios todo es posible" (10:27).

10:17-31 El hombre rico pregunta sobre la vida eterna; Jesús lo mira con amor. En la versión de San Mateo de este encuentro, Jesús le dice al hombre rico: "Si quieres ser perfecto, anda a vender todo lo que posees y dáselo a los pobres" (Mt 19:21). En el relato de San Marcos no existe la condición "si". El que desee seguir al Jesús de Marcos debe renunciar a todo lo que tiene, darlo a los pobres y luego seguirle (v. 21). El Jesús de San Marcos es exigente. Aquí está un discípulo listo y ansioso, que ha guardado todos los mandamientos desde su niñez (v. 20); desea la vida eterna (v. 17): Jesús lo mira con amor, pero luego lo desafía más allá de su capacidad (véase el v. 22: "se fue muy triste porque tenía muchos bienes").

El Jesús de San Marcos se vuelve a sus discípulos y les hace ver claramente que el tener muchos bienes es un obstáculo, casi invencible, para poseer el Reino de Dios (vv. 23-25). (N.E.: Casi parece que es un crimen el ser rico cuando tus hermanos a tu lado son pobres. Los ricos encuentran muy difícil el compartir y desprenderse, quizás porque han trabajado mucho para llegar a ser ricos.) Esto abrumó a los discípulos de Jesús (v. 26) y probablemente abrumó a los primeros lectores de San Marcos tanto como aún desafía a sus lectores de hoy. San Marcos recuerda la confianza del niño en su padre: "Para Dios todo es posible" (v. 27; recuérdese el modelo del niño en 10:13-16). Sin embargo, esta respuesta tan desafiante no satisfizo a Pedro, como probablemente no satisfizo a los

salvarse?'' ²⁷Jesús los miró fijamente y les dijo: ''Para los hombres es imposible, pero no para Dios, porque para Dios todo es posible''. ²⁸Entonces Pedro le dijo: ''Nosotros lo hemos dejado todo para seguirte''. ²⁹Y Jesús le aseguró. ''Ninguno que haya dejado casa, hermanos, hermanas, madre, padre, hijos, o campos por amor a mí y la Buena Nueva quedará sin recompensa. ³⁰Pues recibirá cien veces más en la presente vida en casas, hermanos, hermanas, hijos, y campos; esto, no obstante las persecuciones. Y en el mundo venidero recibirá la vida eterna. ³¹Entonces muchos que ahora son los primeros serán los últimos, y los que son ahora últimos serán primeros''. ³²Seguían el camino que sube a Jerusalén y Jesús iba delante de ellos. Los Doce no sabían qué pensar y, detrás de ellos, todos tenían miedo. El, reuniendo otra vez a los Doce, les anunció lo que iba a pasar: ³³''Fíjense que subimos a Jerusalén y el Hijo del Hombre será entregado a los jefes de los sacerdotes y a los maestros de la Ley. Lo condena-

cristianos de San Marcos, que ya habían renunciado a tanto para seguir a Jesús (v. 28). En los versículos 29-31, San Marcos asegura a sus lectores que cualquiera que se desprende de todo y de todos para seguir a Jesús, recibirá el ciento por uno en parientes y bienes en esta vida, al mismo tiempo que heredará la vida eterna. (Los lectores de San Marcos notarán que aquellos que lo dejan todo por Jesús, también recibirán ''persecuciones'', v. 30. Aún al asegurar a sus cristianos su recompensa, el Jesús de San Marcos les recuerda que están bajo la sombra de la cruz.)

En el mundo de hoy, así como en tiempos de Jesús y de Marcos, la seguridad basada en los bienes y en el dinero pueden distraer a la gente de la dependencia de Dios como verdadera fuente de seguridad y de vida, aquí y en la eternidad. Como el hombre de la historia evangélica, todos los cristianos de San Marcos son llamados a un discipulado radical. El seguir a Jesús todavía significa ir y vender lo que uno tiene. El estar con Jesús todavía significa estar con los pobres. El hombre de la historia evangélica desea la vida eterna; el camino cristiano para la vida eterna es el ser pobre. El camino de Jesús es depender solamente de Dios, para quien todo es posible.

10:32-34 El ''Siervo Doliente'' predice su destino por tercera vez. San Marcos anota la tercera y última predicción de Jesús sobre su muerte y resurrección, con algunos detalles que habían faltado en las dos predicciones previas: sucederá en Jerusalén; los paganos se burlarán de él, lo escupirán, y lo azotarán antes de matarlo (vv. 33-34). A medida que el fin del camino de Jesús se acerca, él mismo se identifica más explícitamente con el Siervo Doliente de Isaías, que sanará a su pueblo por medio de esos mismos azotes, castigos y trato duro que él sufrirá por ellos (Is 53:1-7).

La manera en la que San Marcos pone la escena de esta tercera predicción es significativa: ''Seguían el camino que sube a Jerusalén, y Jesús

rán a muerte y lo entregarán a los extranjeros, ³⁴que se burlarán de él, lo escupirán, lo azotarán y lo matarán, y a los tres días resucitará''.

³⁵Santiago y Juan, hijos de Zebedeo, se acercaron a Jesús y le dijeron: ''Maestro, queremos que nos concedas lo que te vamos a pedir''. ³⁶El les dijo: ''¿Qué quieren de mí?'' ³⁷Ellos respondieron: ''Concédenos que nos sentemos uno a

tu derecha y el otro a tu izquierda cuando estés en tu gloria''. ³⁸Jesús les dijo: ''No saben lo que piden. ¿Pueden beber la copa que estoy bebiendo o bautizarse como me estoy bautizando?'' ³⁹Ellos contestaron: ''Sí, podemos''. Jesús les dijo: ''Pues bien, la copa que bebo, también la beberán ustedes, y serán bautizados con el mismo bautismo que estoy recibi-

iba delante de ellos'' (v. 32). Jesús sabe a dónde van y lo que le espera a él en Jerusalén. Pero los discípulos continúan ''asombrados'' y la multitud les sigue con ''miedo''. Para ahora el lector debe pensar cuál es el efecto de tales predicciones en los primeros discípulos, especialmente cuando dos de los Doce (Santiago y Juan) muestran que no han entendido en absoluto lo que él ha dicho (véase el siguiente pasaje, 10:35-45). San Marcos espera que este desarrollo del drama evangélico tendrá un efecto más perdurable en sus lectores cristianos. Espera que ellos conscientemente escojan modelar su vida en Jesús, el Siervo Doliente, que camina delante de ellos.

10:35-45 Santiago y Juan piden la gloria; Jesús les de la cruz. La petición de Santiago y Juan de sentarse a derecha e izquierda de Jesús en su gloria constituye la penúltima escena antes de la llegada de Jesús a Jerusalén, el lugar de su muerte. Casi parece imposible que estos dos discípulos puedan hacer tal pregunta, tan ambiciosa e inapropiada, después de que el Jesús de San Marcos ha descrito tan claramente su camino de sufrimiento, desde 8:31. (Mateo pone a Santiago y Juan bajo mejor luz, al hacer que su madre sea quien haga la petición, en Mt 20:20.)

Jesús responde a su petición con una pregunta desafiante: ''¿Pueden beber la copa que estoy bebiendo a bautizarse como me estoy bautizando?'' (v. 38). Puesto que ''el cáliz'' y ''el bautismo'' son expresiones simbólicas de Marcos para referirse a la próxima agonía y muerte de Jesús, es evidente que Jesús desafía a Santiago y a Juan a tomar muy en serio lo que significa seguirle hasta la gloria. En respuesta a su gustoso ''Sí, podemos'' del versículo 39, Jesús divide el tema: ''Pues bien, el cáliz que bebo, también lo beberán ustedes, y serán bautizados con el mismo bautismo que estoy recibiendo; pero no depende de mí que se sienten a mi derecha o a mi izquierda'' (v. 39-40).

Jesús concluye así el diálogo de tal manera que Santiago y Juan reciben una profunda (e inesperada) respuesta a su ambiciosa petición. La respuesta no es un simple ''sí'' o ''no'', sino un desafío: ''Quizás el Padre

endo; ⁴⁰pero no depende de mí que se sienten a mi derecha o a mi izquierda. Esto ha sido reservado para otros''. ⁴¹Cuando los otros diez oyeron esto, se enojaron con Santiago y Juan. ⁴²Jesús los llamó y les dijo: ''Como ustedes saben, los que se consideran jefes de las naciones las gobiernan como si fueran sus dueños, y los que tienen algún puesto hacen sentir su poder. ⁴³Pero no será así entre ustedes.

Al contrario, el que quiera ser el más importante entre ustedes, que se haga el servidor de todos; ⁴⁴y el que quiera ser el primero, que se haga siervo de todos. ⁴⁵Así como el Hijo del Hombre no vino para que lo sirvieran, sino para servir y dar su vida como rescate de una muchedumbre''. ⁴⁶Llegaron a Jericó. Y, al sali Jesús de allí, acompañado de sus discípulos y de una gran multitud, el hijo de Timeo

reservará los asientos para ustedes *si* ustedes están dispuestos a tomar mi cruz, mi cáliz, mi bautismo''. ¿Quién entre los lectores de Marcos del año 70 A.D. o de nuestros días está ansioso de seguir ''hasta el fin'' con Jesús?

El versículo 41 contiene la transición con la cual Marcos lleva más explícitamente a sus propios lectores cristianos al diálogo. Hoy, el lector del incidente podría indignarse con Santiago y Juan (como lo hicieron ''los otros diez'') y decir, ''¡Qué egoístas eran!''. Sin embargo, el Jesús de San Marcos llama a *todos* sus seguidores juntos y les dice: ''No es sólo de este modo que los cristianos se manifiestan egoístas y con actitudes no cristianas. Todo el que quiera seguir al Hijo del Hombre debe tomar una actitud firme en contra de todos los valores anti-evangélicos de ser señores y ''gobernar como si fueran dueños'' (v. 42). El ser cristiano es ser servidor, como Jesús lo fue (v. 45). El ser el primero y el más grande es servir a las necesidades de todos, como Jesús lo hizo (v. 44). Ese es el camino a la gloria para un discípulo del Jesús de San Marcos.

Porque esta escena retrata a Santiago y Juan, dos de los discípulos más íntimos de Jesús (recuérdese que ellos estuvieron con él en la transfiguración, 9:2-9, y que estarán con él en el huerto durante su agonía, 14:32-34), el mensaje de Marcos aquí es especialmente importante para cualquiera que tenga un puesto de liderazgo en la iglesia. Marcos pide un ''liderazgo servicial''. Los líderes de la Iglesia deben ser los primeros en ''beber el cáliz'', diariamente sirviendo a las necesidades de sus hermanos y hermanas, no importa cuáles sean, y dónde se presenten. Si este llamado parece muy radical y casi imposible de cumplir, Marcos ofrece luego a sus lectores, el ejemplo de alguien—el mendigo ciego, Bartimeo, de los versículos 46-52—que probablemente creía que su situación no tenía esperanza.

10:46-52 El modelo del ciego: ''¡Que yo vea!'' La curación del ciego Bartimeo concluye esta sección tan exigente del drama evangélico de San

(Bartimeo), un limosnero ciego, estaba sentado a la orilla del camino. ⁴⁷Cuando supo que era Jesús de Nazaret, se puso a gritar: ''¡Jesús, Hijo de David, ten compasión de mí!'' ⁴⁸Varias personas trataron de hacerlo callar. Pero él gritaba mucho más: ''¡Hijo de David, ten compasión de mí!''

⁴⁹Jesús se detuvo y dijo: ''Llámenlo''. Llamaron, pues, al ciego, diciéndole:

Marcos, así como la curación del otro ciego (8:22-26) concluyó los capítulos de ''Pan y Ceguera'' (6–8). En contraste con el primer ciego, que fue llevado a Jesús por otros (8:22), Bartimeo grita por su propia iniciativa: ''¡Jesús, Hijo de David, ten compasión de mí!'' (v. 47). El título que le da a Jesús, ''Hijo de David'', indica que él, un mendigo *ciego*, en realidad ve *quién es Jesús* más claramente que los mismos discípulos y el gentío que habían estado con él tanto tiempo. Aunque algunas personas trataron de acallar al hombre (v. 48), su persistencia triunfó. Jesús hizo que sus discípulos lo trajeran más cerca (v. 49). Bartimeo responde con gran entusiasmo y se acerca a Jesús. El es el único que en el evangelio de Marcos llama a Jesús ''Rabboni'', que quiere decir ''*mi* maestro''. (Este modo íntimo de dirigirse a Jesús aparece en el Nuevo Testamento sólo aquí y en Jn 20:16, cuando María Magdalena se encuentra con Jesús resucitado junto a la tumba vacía.)

En el Evangelio de San Mateo, la historia paralela habla de dos ciegos que piden ayuda a Jesús; movido a compasión, Jesús *toca sus ojos* (Mt 20:33-34). Aquí, en la versión de San Marcos del incidente, Jesús no necesita tocar a Bartimeo. Ni siquiera tiene que decir ''tu fe te ha salvado'' (como San Lucas lo dice en 18:42), porque el grito y las acciones de Bartimeo revelan su fe profunda. Jesús es ''su maestro''. Esta confianza y fe profunda en Jesús es lo que San Marcos desea producir en los cristianos que reciben su evangelio.

Cuando dice que el ciego recibió inmediatamente la vista y comenzó a seguir a Jesús ''por el camino'' (v. 52), San Marcos ofrece una transición suave a la siguiente sección del evangelio (al *final* del camino, Jerusalén y al Calvario, cc. 11–15). Más significativo, sin embargo, es que él ofrece a su comunidad la esperanza y el alentador ejemplo de este primer discípulo de Jesús (la frase ''seguirlo por el camino'' era un modo familiar de hablar del discipulado en la iglesia primitiva). Consecuentemente, después de que Marcos presenta las enseñanzas tan difíciles de Jesús sobre la actitud cristiana hacia el divorcio, las riquezas, y la ambición (antes, en el c. 10), con este milagro de discipulado San Marcos hace un llamado a sus lectores cristianos en su propia situación, en su propio camino de la cruz: ''¡No tienes nada que temer de él! ¡Levántate! ¡Te está llamando!'' (v. 49).

''¡Párate, hombre!, te está llamando''. ⁵⁰Y él, arrojando su manto, de un salto se puso de pie y llegó hasta Jesús. ⁵¹Jesús le preguntó: ''¿Qué quieres que te haga?'' El ciego respondió: ''Maestro, que yo vea''. Entonces, Jesús le dijo: ''Puedes irte; tu fe te ha salvado''. Y al instante vio, y se puso a caminar con Jesús.

11 ¹Cuando se aproximaban a Jerusalén, cerca ya de Betfagé y de Betania, al pie del cerro de los Olivos, Jesús mandó a dos de sus discípulos, ²diciéndoles: ''Vayan a ese pueblo que ven enfrente, y al entrar encontrarán un burro amarrado, que ningún hombre ha montado todavía. Desátenlo y tráiganlo. ³Y si alguien les dice: ¿Por qué hacen

ADELANTE A JERUSALEN

Marcos 11:1–13:37

Esta importante sección del evangelio de San Marcos comienza con la entrada de Jesús a Jerusalén (1:1-11) y termina con su largo discurso sobre el templo de Jerusalén y los ''últimos días'' (13:1-37). A lo largo de estos tres capítulos, los lectores de San Marcos se encontrarán envueltos con Jesús en una serie de presagios que llevan a la traición, pasión, y muerte en Jerusalén (cc. 14-15). Casi todas las escenas en los capítulos 11 a 13 están llenas de conflictos y muestran a Jesús en confrontación con los líderes religiosos de Jerusalén, sobre temas de oración y piedad (11:12-25 y 12:28-44), vida después de la muerte (12:18-27), el pago del impuesto para el César (12:13-17), y la autoridad de Jesús en todos esos asuntos (11:27-33). Esta serie de historias de conflicto les recordará a los lectores de Marcos los conflictos anteriores (2:1-3:6), que terminaron con el pacto de los fariseos con los herodianos para ver cómo podrían neutralizar a Jesús (3:6). Esta vez, el plan llevará al prendimiento de Jesús y a su muerte (14:43-52 y 15:21-26).

En su selección de las diferentes escenas de estos tres capítulos críticos, San Marcos no deja lugar de duda en la mente de sus lectores sobre la base del discipulado cristiano: deben poner su fe en Dios (11:22), y deben poner esa fe en acción amando a sus prójimos como a sí mismo (12:31). Sus modelos serán dos: (1) el escriba y maestro de la Ley sincero de 12:28-34; y (2) la pobre viuda cuya generosa fe en Dios la impulsó a dar ''todo lo que necesitaba para vivir'' (12:44).

11:1-11 La entrada de Jesús a Jerusalén. El relato de San Marcos sobre la entrada triunfal de Jesús a Jerusalén funciona como la transfiguración antes (9:2-8). Es otro momento estimulante en el largo y arduo ''camino'' de Jesús a su pasión y muerte salvadoras. Puesto que Jerusalén era la ciudad santa de Dios, y puesto que los detalles de la llegada allí (vv. 7-10) señalan la venida del Profeta-Salvador de Israel (p.e., ''Mira, tu rey

El monte de la Tentación cerca de Jericó, donde Jesús fue tentado por Satanás (Mc 1:12-13)

Excavaciones en Jericó, veinticuatro millas el noreste de Jerusalén

El lado sureste de la muralla de la ciudad antigua vista desde el camino de Jericó

"Id hacia la aldea frente a vosotros, y en seguida al entrar, encontraréis un potro atado sobre el que ninguno se ha sentado jamás" (Mc 11:2).

eso? contesten: El Señor lo necesita, pero en seguida lo devolverá aquí mismo".

⁴Fueron y encontraron el burro amarrado delante de una puerta, en el camino, y lo desataron. ⁵Algunos de los que estaban ahí les dijeron: "¿Por qué sueltan ese burro?" ⁶Ellos les contestaron como les había dicho Jesús, y se lo permitieron.

⁷Trajeron el burro a Jesús, les pusieron sus capas encima y Jesús montó en él. ⁸Muchos extendieron sus capas a lo largo del camino, y otros, ramas cortadas de los árboles. ⁹Tanto los que iban

delante como los que seguían a Jesús, gritaban: "¡Hosanna!" ¹⁰Bendito el que viene en el Nombre del Señor! ¡Ahí viene el bendito reino de nuestro padre David! ¡Hosanna en los altos cielos!"

¹¹Así entró Jesús en Jerusalén y se fue al Templo y, después de revisarlo todo, siendo ya tarde, salió con los Doce para Betania.

¹²Al otro día, cuando salieron de Betania, tuvo hambre y, ¹³viendo a lo lejos una higuera cubierta de hojas, fue a ver si encontraba algo. Se acercó, pero no encontró sino hojas, ya que todavía no era tiempo de higos. ¹⁴Entonces Jesús

vendrá . . . montado sobre un burro, sobre el hijo pequeño de una burra", Zac 9:9), los primeros lectores de San Marcos no podrían dejar de ver la conexión: *Jesús era el deseado Salvador de Israel.* Podrían unirse a la multitud y gritar: "¡Hosanna! ¡El Reino de Dios y de nuestro padre David ha empezado con la primera venida de Jesús!"

Sin embargo, ya que Jerusalén era también la ciudad de la muerte de Jesús, San Marcos pronto aminora el entusiasmo que rodea a la entrada de Jesús. (Esto es evidente cuando se compara su relato con la versión de San Mateo, que menciona que "muchos extendieron sus capas a lo largo del camino", Mt 21:8, y "toda la ciudad se alborotó" a su entrada, Mt 21:10). Por ello, el modo en que San Marcos presenta este episodio permite a sus lectores regocijarse en el reinado del Señor resucitado aunque no les permita olvidar lo que cuesta ser sus discípulos, esto es, que deben "negarse a sí mismos, tomar su cruz, y seguirlo" (8:34).

Este momento estimulante de la entrada de Jesús a Jerusalén llegó y pasó. Después de un descanso nocturno en Betania con los Doce, Jesús regresa a la ciudad para los últimos días y el acto final del drama evangélico (11:11-12).

11:12-25 La higuera maldita y la limpieza del templo. A primera vista, la historia de la higuera (vv. 12-14 y 20-21) es una de las más raras de los evangelios. No es característico de Jesús maldecir una higuera por no tener fruto; pero cuando San Marcos incluye el detalle que "no era tiempo de higos" (v. 13) Jesús aparece más ilógico, y el acontecimiento es más difícil de entender.

Se necesitan dos claves para abrir el significado de este extraño pasaje. Primero, los lectores de San Marcos pueden recordar que la higuera era una imagen común de Israel en el Antiguo Testamento (p.e., Os 9:10).

se dirigió a la higuera: "¡Que nadie coma nunca jamás fruto de ti!" Y sus discípulos lo oyeron.

¹⁵Llegaron a Jerusalén, y Jesús fue al Templo. Ahí comenzó a echar fuera a los que se dedicaban a vender y a comprar en el Templo. Tiró al suelo las mesas de los que cambiaban dinero y los puestos de los vendedores de palomas, ¹⁶y no dejó que transportaran cosas por el Templo.

¹⁷Y les hizo esta advertencia: "¿No dice Dios en la Escritura: *Mi casa será llamada casa de oración para todas las na-* ciones? ¡Pero ustedes la han convertido en *refugio de ladrones!*"

¹⁸Los jefes de los sacerdotes y los maestros de la Ley, al saber esto, se preguntaron cómo podrían deshacerse de él. Porque le tenían miedo, ya que su enseñanza producía gran impacto en el pueblo. ¹⁹Y al anochecer salió de la ciudad.

²⁰Cuando pasaron de madrugada, vieron la higuera que estaba seca hasta la raíz. ²¹Pedro se acordó de lo del día anterior y le dijo. "Maestro, mira: la higuera que has maldecido está seca".

Por lo tanto, el que Jesús haya maldecido al árbol simboliza su ira con el pueblo judío. Pero, ¿por qué el Jesús de San Marcos maldice a Israel en este momento del drama evangélico? (Recuérdese que la gente acaba de darle la bienvenida triunfante a Jerusalén.) La segunda clave para comprender este pasaje es su contexto inmediato que revela a un Jesús enojado que expulsa a los compradores y vendedores del recinto sagrado del templo. Habían convertido lo que era "una casa de oración para todas las naciones" en un "refugio de ladrones" (v. 17, citando a Is 56:7). Por esto, los lectores de Marcos pueden ver por qué une el pasaje de la higuera con la limpieza del templo. La higuera seca (v. 21) sirve para simbolizar el lado estéril de la piedad del templo judío en tiempo de Jesús.

Este pasaje podría desafiar muy bien a los lectores cristianos de Marcos a evaluar la profundidad de su propia fe. En contraste con el ceremonial superficial del templo antiguo, Marcos espera que ellos tengan esa clase de fe profunda en Dios que puede mover montañas (vv. 22-23). En los versículos 23-24, el Jesús de San Marcos usa un lenguaje muy atrevido (casi exagerado) para decir que sólo por la fe y la oración los discípulos podrían hacer lo que parece imposible, así como recibir *cualquier cosa* que pidan en su oración. (Recuérdese la "imagen fuerte y directa", parecida a ésta, en 10:25: "Es más fácil para un camello pasar por el Ojo de la Aguja, que para un rico entrar en el Reino de Dios".)

Jesús y la iglesia primitiva creían en el poder infinito de la oración. Parece que lo único que los lectores de San Marcos no pueden esperar recibir en la oración es un escape de su participación en el camino doloroso del Señor. Por ejemplo: "Ninguno que haya dejado su casa, hermanos, hermanas, madre, padre, hijos o campos por amor a mí y a la Buena Nueva quedará sin recompensa; recibirá cien veces más en la presente

²²Jesús respondió: "Tengan fe en Dios. ²³Les aseguro que el que diga a este cerro: ¡Levántate de ahí y tírate al mar!, si no duda en su corazón y si cree que sucederá como dice, se le concederá. ²⁴Por eso les digo: todo lo que pidan en la oración, crean que ya lo han recibido y lo tendrán.

²⁵Y cuando se pongan de pie para orar, si tienen algo contra alguien, perdónenlo, ²⁶para que el Padre del Cielo, Padre de ustedes, les perdone también sus faltas".

²⁷Volvieron a Jerusalén y, cuando andaba por el Templo, se le acercaron los jefes de los sacerdotes, los maestros de la Ley y las autoridades judías, ²⁸y le dijeron: "¿Con qué derecho has actuado en esta forma? ¿Quién te ha autorizado para hacerlo?"

²⁹Jesús les contestó: "Les voy a preguntar una sola cosa. Si me contestan, les diré con qué derecho lo hago: ³⁰Cuando Juan bautizaba, ¿lo hacía mandado por Dios o era cosa de hombres?"

³¹Ellos comentaban entre sí: "Si decimos que lo había mandado Dios, nos dirá: Entonces, ¿por qué no lo creyeron?" ³²Pero tampoco podían contestar ante el pueblo: "Era cosa de hombres", ya que todos tenían a Juan por un ver-

vida en casas, hermanos, hermanas, hijos y campos, *esto no obstante las persecuciones*. Después recibirá: la vida eterna" (10:29).

Marcos concluye su descripción del tipo de verdadera piedad de Jesús, diciendo que cualquiera que ore perdonando a los que le han ofendido será perdonado a su vez por el Padre celestial (v. 25). Aunque San Marcos no relata el Padre Nuestro en su evangelio, como lo hacen Mateo y Lucas, esta pequeña sección hace resaltar las actitudes de confianza radical y de perdón que el Padre espera de sus hijos en sus vidas y en sus oraciones.

11:27-33 Se marcan las líneas de autoridad: conflicto. Los jefes de los sacerdotes y los escribas que buscaban la manera de neutralizar a Jesús después de limpiar el templo (11:18), le preguntan "con qué autoridad" enseña y obra (v. 28). Esta no es una simple pregunta que un maestro hace a otro; es un desafío muy serio, el primero en una serie final de desafíos, que Jesús tiene que aceptar de los líderes religiosos de su día (11:27–12:44).

Los lectores de San Marcos notarán que cada conflicto termina con un Jesús victorioso silenciando a sus adversarios, los expertos en la ley judía y en las Escrituras. Aquí, por ejemplo, en los versículos 29-33, Jesús toma su pregunta sobre su autoridad y la cambia en una pregunta astuta sobre la autoridad de Juan Bautista (v. 30). Puesto que los escribas temían lo que otros, amigos o enemigos de Juan, pudieran pensar de su respuesta (vv. 31-32), se vieron forzados a admitir: "No sabemos" (v. 33). Lo que empezó como una amenaza a la autoridad de Jesús termina como un ejemplo de la poca autoridad (y valor) que tenían sus antagonistas. San Marcos quiere que sus lectores se enorgullezcan de la sabiduría tan grande de su maestro, Jesús. También podría estar cuestionando

dadero profeta. ³³Por eso respondieron a Jesús: "No sabemos". Y Jesús les contestó: "Tampoco yo les digo con qué autoridad hago estas cosas".

12 ¹Jesús se puso a hablarles en parábolas:

"Un hombre plantó una viña, la rodeó de una cerca, cavó un lagar y construyó una casa para vigilarla. La alquiló a unos trabajadores y se fue lejos.

²En el tiempo de la cosecha mandó a un servidor para pedir a los viñadores la parte de los frutos que le correspondían. ³Pero ellos lo tomaron, le pegaron y lo despacharon con las manos vacías.

⁴Envió de nuevo a otro servidor; también a éste le hirieron la cabeza y lo insultaron. ⁵Mandó un tercero y a éste lo mataron; y envió a muchos otros: a unos los hirieron y a otros los mataron. ⁶Todavía le quedaba uno: ése era su hijo muy querido. Lo mandó el último, pensando: "A mi hijo lo respetarán". ⁷Pero los viñadores se dijeron entre sí: "Este es el heredero; matémosle y nos quedaremos con la herencia". ⁸Tomaron al hijo, lo mataron y lo echaron fuera de la viña.

⁹Díganme: ¿Qué hará entonces el dueño de la viña? Vendrá, dará muerte

astutamente a sus lectores sobre cómo usan ellos la autoridad que tienen en la iglesia y con cuánta valentía desafían la manera en que otros usan la autoridad que tienen.

12:1-12 La parábola de la viña: la piedra rechazada (el hijo) es la piedra principal. Por primera vez desde el capítulo 4, San Marcos hace que Jesús hable "en parábolas" (v. 1), con la parábola de la viña y de los inquilinos malos (vv. 3-8). Esta es la última parábola que San Marcos anota y ¡qué perfecta es! En ella, San Marcos anticipa el acto final de todo su drama evangélico, puesto que el rechazo del hijo del propietario (vv. 9-11) apunta a la resurrección, cuando el Padre vindica la muerte de Jesús.

Los lectores cristianos de Marcos entenderían los diferentes elementos y el mensaje más profundo de esta parábola tan claramente como los escribas y jefes de los sacerdotes a quienes iba dirigida ("comprendieron que la parábola dicha por Jesús era para ellos". v. 12). El cuidado de la viña (el pueblo de Israel) había sido confiado por Dios a los líderes del pueblo judío (los "inquilinos"). Ellos trataron al hijo (Jesús) tan rudamente (vv. 6-8) como habían tratado a los profetas del Antiguo Testamento antes de él (vv. 2-5). Porque así lo hicieron, ellos no tienen ya ninguna autoridad sobre el nuevo pueblo de Dios; al contrario, esa autoridad ahora recae sobre los líderes de la iglesia (v. 9).

San Marcos da el mismo mensaje cuando hace que Jesús cite el salmo 118. Sólo las imágenes cambian, ya que, la "viña" y el "hijo" son ahora el "edificio" y la "piedra principal" (vv. 10-11). Según prepara San Marcos a sus lectores para su encuentro con la muerte de Jesús, pone muy claro quién es el culpable en la muerte del Hijo—los líderes judíos. También desafía a los líderes cristianos a examinar su relación con Cristo, "la piedra principal del edificio". Para ellos, esta parábola es materia para

a esos trabajadores y entregará la viña a otros. ¹⁰¿No han leído el pasaje de la Escritura que dice: *La piedra que los constructores desecharon llegó a ser la piedra principal del edificio.* ¹¹*Esta es la obra del Señor y nos dejó maravillados?"* ¹²Los jefes tuvieron grandes deseos de apoderarse de él porque comprendieron que la parábola de Jesús se refería a ellos. Pero tuvieron miedo al pueblo y, dejándolo, se fueron.

¹³Enviaron donde Jesús a algunos fariseos, junto con partidarios de Herodes. Ellos venían con una pregunta que era una verdadera trampa. ¹⁴Y dijeron a Jesús: "Maestro, sabemos que eres sincero y no te preocupas de quién te oye, ni te dejas influenciar por él, sino que enseñas con franqueza el camino de Dios. Dinos, ¿está permitido pagar el impuesto al César o no? ¿Debemos pagarlo o no?"

¹⁵Pero Jesús que veía su hipocresía, les dijo: "¿Por qué me ponen trampas? Tráiganme una moneda para verla". ¹⁶Le mostraron un denario, y Jesús les preguntó: "¿De quién es esta cara y lo que está escrito?" Ellos le respondieron: "Del César". ¹⁷Entonces Jesús les dijo: "Lo que es del César, devuélvanselo al César, y lo que es de Dios a Dios".

Y quedaron muy sorprendidos de esto.

¹⁸Entonces se presentaron algunos saduceos. Estos no creen en la resurrección de los muertos y por eso le preguntaron: ¹⁹"Maestro, según la ley de Moisés, si alguien muere antes que su

una reflexión seria sobre cómo cuidan de la iglesia confiada a sus manos por el Señor resucitado.

12:13-27 El impuesto que se debe a César y al Dios vivo. San Marcos pasa de su última parábola a otros dos encuentros conflictivos de Jesús con el liderazgo judío. El primero trata del impuesto debido al emperador (vv. 13-17), y el segundo tiene que ver con la creencia en la resurrección y la vida después de la muerte (vv. 18-27). Los lectores de San Marcos discernirán el mismo molde en ambos encuentros. Primero, los líderes se acercan a Jesús con preguntas engañosas para atraparlo, evidentemente "con una pregunta que era una verdadera trampa", v.13. Los fariseos y hérodianos preguntaban si un buen judío debía pagar impuestos al emperador romano o si eso era contrario a la ley de Moisés (v. 14). Entonces los saduceos, que no creían en la resurrección, le hicieron una pregunta legalista y cínica sobre las relaciones matrimoniales en la vida resucitada (v. 23).

En la respuesta a sus preguntas, Jesús mostró una penetrante sabiduría que desenmascaró su intención de hacerlo caer. Jesús expone su hipocresía en un caso, (v. 15) y prueba el conocimiento superficial que tienen de sus propias Escrituras en el otro (v. 24). Los judíos buenos (y los cristianos buenos, oyentes de Marcos) deben de pagar "el tributo de impuestos" a las autoridades civiles legítimas y el "tributo de alabanza y fidelidad" a Dios (vv. 15-17). Los judíos (y los cristianos) que realmente entienden las sagradas Escrituras deben saber también que "el Dios de

esposa y no tiene hijos, el hermano debe casarse con la viuda para darle un hijo que será el heredero del difunto. ²⁰Había siete hermanos; el mayor se casó y murió sin dejar hijos; ²¹el segundo se casó con la viuda y murió también sin dejar herederos, y lo mismo el tercero, ²²y pasó lo mismo con los siete. Después de todos, murió la mujer. ²³En el día de la resurrección, si ellos deben resucitar, ¿de cuál de ellos será esposa? Ya que los siete se casaron con ella''.

²⁴Jesús les contestó: ''Si ustedes se pierden en esto, ¿no será porque no entienden la Escritura, ni tampoco el poder de Dios? ²⁵Pues, cuando resuciten de entre los muertos, no tendrán esposa o marido, sino que serán en el cielo como ángeles.

²⁶Y en cuanto al hecho de que los muertos resuciten, ¿no han leído en el libro de Moisés, en el capítulo de la zarza, cómo Dios le dijo: Yo soy el Dios de Abraham, el Dios de Isaac y el Dios de Jacob? ²⁷Dios no es un Dios de muertos, sino de vivos. Ustedes están muy equivocados''.

²⁸Entonces se adelantó un maestro de la Ley, que había escuchado la discusión. Al ver lo perfecta que era la respuesta de Jesús, le preguntó a su vez: ''¿Cuál de los mandamientos encabeza a los demás?''

²⁹Jesús le contestó: ''El primer mandamiento es: Escucha, Israel: El Señor, nuestro Dios, es un único Señor. ³⁰Al Señor tu Dios amarás con todo tu corazón, con toda tu alma, con toda tu inteligencia y con to-

Abrahám, el Dios de Isaac, el Dios de Jacob'' (y de Jesús resucitado) ''no es un Dios de muertos sino de vivos'' (vv. 24-27). (N.E.: La inmortalidad que Jesús anuncia no se debe a la naturaleza del hombre sino al carácter de Dios que es Dios de los vivos).

El resultado cumulativo de estos dos encuentros es que los lectores de San Marcos, como los discípulos que estaban con Jesús, podrían ''sorprenderse'' de la sabiduría de Jesús (v. 17) y de su dedicación a su Padre, el Dios de la vida. Pero San Marcos quiere algo más que una sorpresa— quiere que sus cristianos imiten a su Señor, siendo apóstoles valientes de la verdad y de la vida. ¿Cómo van a ser tales apóstoles? Dependerá de ellos mismos en sus propias circunstancias. Sin embargo, el siguiente pasaje les dará un modelo concreto a seguir.

12:28-34 El escriba que estaba cerca del Reino de Dios. Después de todas las trampas y las preguntas maliciosas de los ancianos y maestros de la Ley, el que Jesús diga que un escriba ''no está lejos del Reino de Dios'' (v. 34) es muy notable. Sin embargo, al examinar este diálogo sobre cuál es el ''primero de todos los mandamientos'' (v. 28), los lectores de San Marcos pueden fácilmente aprobar la sinceridad y el esfuerzo honrado del escriba por comprender lo fundamental del camino de Jesús. Jesús responde a su pregunta con la tradicional oración Shema, que todo israelita rezaba dos veces al día: ''Escucha, Israel: El Señor, nuestro Dios, es el único Señor''. (v. 29). Puesto que el Señor es uno, Jesús y la Shema continúan, todo nuestro ser (corázon, alma, mente, y fuerza) debe amar a Dios (v. 30). Jesús entonces añade un segundo mandamiento: ''Amarás

das tus fuerzas. ³¹Y después viene éste: *Amarás a tu prójimo como a ti mismo.* No hay ningún mandamiento más importante que éstos''.

³²El maestro de la Ley le contestó: ''Muy bien, Maestro, tienes razón cuando dices que el Señor es único y que no hay otro fuera de él, ³³y que amarlo con todo el corazón, con toda la inteligencia y con todas las fuerzas y amar al prójimo como a sí mismo vale más que todas las víctimas y todos sus sacrificios''.

³⁴Jesús encontró muy razonable su respuesta y le dijo: ''No estás lejos del Reino de Dios''. Pero, en adelante, nadie más se atrevió a hacerle nuevas preguntas.

³⁵Jesús estaba enseñando en el Templo y preguntó: ''¿Por qué los maestros de la Ley dicen que el Cristo será hijo de David? ³⁶Pues del propio David son

a tu prójimo como a ti mismo''. En efecto, convierte al primero de todos los mandamientos en un mandamiento doble: ''No hay mandamiento más importante que *éstos''* (v. 31).

El escriba aprecia la respuesta de Jesús. Ve como Jesús ha combinado los dos mandamientos dados a Israel por Moisés (Dt 6:2 y Lev 19:18). También escucha en la respuesta de Jesús más de lo que Jesús decía. Escucha en ella el eco del profeta que declaraba que el amor, no el sacrificio, es lo que Dios desea de su pueblo (v. 33, citando a Os 6:6).

Los lectores de San Marcos saben lo acertado que estaba el escriba, porque sabían que Jesús practicaba lo que enseñaba. El había amado a Dios y a su prójimo hasta la muerte. Su sacrificio era amor. Al dejar a la multitud, cuando ya ''nadie más se atrevió a hacerle nuevas preguntas'' (v. 34), los lectores de San Marcos bien pueden preguntarse si su amor a Dios es verificado con su amor al prójimo. Pueden preguntarse si su sacrificio y culto litúrgico a Dios se manifiestan en sus sacrificios por los demás. San Marcos al narrar este encuentro desafía a sus cristianos a ser como Jesús y también como este escriba especial que había penetrado tanto en los caminos del Reino. También los prepara para los últimos dos episodios del capítulo 12, donde habrá un contraste entre la generosa piedad de la viuda y la oración vacía de ciertos escribas (12:38-44).

12:35-37 Jesús es el Señor de David e Hijo de Dios. Hasta este punto en el capítulo 12, los escribas han estado haciendo a Jesús preguntas desafiantes. El ahora les hace una: ''¿Por qué (ustedes) los maestros de la Ley, dicen que el Cristo será hijo de David'' (v. 35), cuando David mismo (en el Sal 110:1) se refiere al Mesías como a ''mi Señor'' (v. 36)? Los lectores de San Marcos saben que Jesús es el Mesías. También saben que venía de descendencia davídica. Sin embargo, San Marcos desea que sus lectores reconozcan algo más, esto es, que Jesús es el Hijo de Dios. Algunas personas mataron a Jesús porque decía que era ''el Hijo de Dios Bendi-

estas palabras proféticas: *Dijo el Señor a mi Señor: Siéntate a mi derecha, hasta que ponga a tus enemigos debajo de tus pies.* ³⁷El mismo David, movido por el Espíritu Santo, lo llama "su Señor". ¿Cómo entonces puede ser hijo suyo?" Mucha gente acudía a Jesús y los escuchaba con agrado. ³⁸También en su enseñanza Jesús les decía: "Miren cómo andan los maestros de la Ley. ³⁹Les gusta pasear con amplias vestiduras, ser saludados en las plazas y ocupar los primeros asientos en las sinagogas y en los banquetes. ⁴⁰Incluso se tragan los bienes de las viudas mientras se amparan con largas oraciones. Pero serán juzgados con mucha severidad".

⁴¹Jesús, sentado frente a las alcancías del Templo, miraba cómo la gente echaba dinero para el tesoro. Los ricos daban grandes limosnas. ⁴²Pero también llegó una viuda pobre y echó dos moneditas de muy poco valor. ⁴³Jesús, entonces, llamó la atención de sus discípulos y les dijo: "Les aseguro que esta viuda pobre ha dado más que todos ellos. ⁴⁴Pues todos han hecho dinero que les sobraba; ella, en cambio, ha dado lo que había reunido con sus privaciones, eso mismo que necesitaba para vivir".

13 ¹Cuando Jesús salió del Templo, uno de sus discípulos le dijo: "Maestro, mira qué inmensas piedras y qué construcciones". ²Jesús le respon-

to" (14:61-64). ¿Cómo podrán los lectores de San Marcos renovar su compromiso con su Señor, que es también Señor de David e Hijo de Dios?

12:38-44 La viuda pobre muestra a los escribas el significado de la religión. La última vez que San Marcos presenta a Jesús en el templo es una de los momentos más dramáticos de todo su evangelio. Jesús primero advierte a la gente que debe guardarse de los escribas, que rezan largo y tendido, en voz alta, a fin de ser vistos y respetados como "los santos" (vv. 38-39). Al mismo tiempo, al "devorar los bienes de las viudas" (v. 40), muestran qué vacía es su oración. También desobedecen un mandamiento especial de Moisés dado a sus antepasados: "No maltraerás a la viuda, ni al huérfano, ni al extranjero" (Ex 22:21).

A esta historia de hipocresía San Marcos ha añadido el cuadro conmovedor y ejemplar de la viuda (vv. 41-44). "Mírenla", dice el Jesús de Marcos. Ella pone en la caja mucho menos dinero que los ricos (v. 41), pero ha dado "lo que había reunido con sus privaciones, eso mismo que necesitaba para vivir" (v. 44). Su ofrenda es un signo de lo que realmente significa: la dependencia total de Dios. Así, la viuda es un modelo de fe para los lectores de San Marcos. Si ellos imitan su fe generosa y confiada, también imitarán a Jesús, quien igualmente lo dió todo, aún su propia vida, por todos (cc. 14-15).

13:1-4 El fin del templo y el fin de "todo esto". Cuando Jesús y sus discípulos salían del templo, San Marcos hace que Jesús anuncie que "no quedará de ellas (de esas construcciones) piedra sobre piedra". (N.E.: Jesús tiene visión de rayos-x y no se deja deslumbrar por ellas, ya que

dió: "¿Ves estas grandiosas construcciones? No quedará de ellas piedra sobre piedra. Todo será destruido".

³Poco después, Jesús se sentó en el cerro de los Olivos, frente al Templo. Entonces, Pedro, Santiago, Juan, y

hay que mirar quién ha pagado el precio por ellas y si detrás de las fachadas se esconde la corrupción moral y la opresión de los pobres). Ellos respondieron a esta afirmación notable de Jesús con una pregunta importante relacionada: "Dinos cuándo sucederá esto y cuál será la señal de que todas estas cosas (sobre el mundo como lo conocemos) van a cumplirse". Los lectores de San Marcos, hoy en día, no podrán ver cómo la pregunta de los discípulos sobre el fin del mundo sigue lógicamente a la predicción de Jesús sobre el fin del templo. Entenderán la conexión, sin embargo, si los dos hechos significativos se aclaran: (1) la iglesia primitiva vió la destrucción de Jerusalén como un signo pre-eminente del fin del mundo muy próximo; y (2) los primeros cristianos, para quienes Marcos escribía, *ya* habían sido testigos de esa destrucción de Jerusalén (por el ejército romano en el año 70 A.D.). Tal conocimiento histórico ayudará hoy a los lectores del evangelio de San Marcos a entender este capítulo tan importante.

Será útil para los lectores de Marcos darse cuenta del tipo especial de literatura que van a leer en el resto del capítulo 13. Todo lo que dice Jesús sobre "el fin" y las señales que lo acompañarán, pertenece a la clase de escritos del siglo primero conocidos como "apocalípticos". En la iglesia primitiva los escritos apocalípticos servían para dar esperanza a personas temerosas, revelándoles cómo Dios salvaría definitivamente a sus fieles servidores de todas las fuerzas del mal, al fin del mundo. La literatura apocalíptica contiene una parte pequeña (en contenido) pero muy importante (en su significado) del primer mensaje evangélico cristiano. (Esta clase de literatura era bastante común en ciertas comunidades del Antiguo Testamento, que anhelaban la venida del Mesías que los liberara de los gobernantes extranjeros y paganos. Véase, por ejemplo, en el libro de Daniel, en los capítulos 7-12, escrito alrededor del año 150 A.DE C., que describe la venida del Hijo del Hombre en términos muy parecidos a los que se encuentran aquí en el evangelio de San Marcos. Véanse también, algunos escritos del Nuevo Testamento, como Mt 24-25, Lc 21, 1 Tes 4-5, y el Libro de la Revelación, que reflejan la conciencia viva de la iglesia primitiva sobre la ausencia del Señor las esperanzas de su inminente regreso glorioso.) En el capítulo 13, San Marcos comunica a su comunidad la preocupación llena de esperanza de la iglesia primitiva por el regreso de Jesús. Aquí Marcos describe las actitudes que deben tener sus lectores en el tiempo entre la resurrección de Jesús y su regreso

Andrés [4]le preguntaron aparte: "Dinos cuándo sucederá esto cuál será la señal de que todas estas cosas llegan a su fin".

[5]Y Jesús empezó a hablar: "Fíjense bien: que nadie los engañe, [6]porque muchos vendrán en mi lugar, y dirán: "Yo soy el que esperaban". Y engañarán a muchos. [7]Cuando oigan hablar de guerras y de rumores de guerra, no se alarmen, porque eso tiene que pasar, pero todavía no es el fin. [8]Una nación luchará contra la otra, y pueblo contra pueblo: habrá terremotos y hambre en diversos lugares: en esto reconocerán los primeros dolores del parto.

[9]Pero ustedes preocúpense de sí mismos, porque van a ser entregados a los tribunales judíos; ustedes serán azotados en las sinagogas y tendrán que presentarse ante los gobernadores y reyes por mi causa, para ser mis testigos ante ellos. [10]Porque es necesario que la Buena Nueva se proclame por todo el mundo, siendo esto el comienzo de todo.

[11]Por tanto, cuando los lleven y los entreguen a los tribunales, no se preocupen por lo que van a decir; sino que digan lo que se les inspire en ese momento. Porque no serán ustedes los que hablarán, sino el Espíritu Santo. [12]El

definitivo. (N.E.: El problema para el cristiano no es el cómo acabará el universo, sino el cómo sobrevivir cuando a una persona se le acaba su mundo, ya sea por la muerte de un ser querido, la quiebra económica o una enfermedad, etc.)

13:5-23 Vigilancia cristiana y perseverancia en "los últimos tiempos". San Marcos abre el discurso apocalíptico de Jesús con una sección (vv. 5-23) que ejemplifica muy bien los dos modos en los que el lenguaje apocalíptico debe mover a los lectores a responder y actuar. Primero, la primera y última frase tan llamativa de esta sección ("Fíjense bien" en el v. 5, y "estén preparados"—literalmente, "fíjense bien"—en el v. 23) señalan a sus lectores que deben estar alerta en su respuesta a ciertos predicadores engañosos que éstan en medio de ellos ("que vendrán en mi lugar", v. 6, y "falsos cristos y falsos profetas", v. 22) que dicen que el fin ha llegado porque ven ciertas señales (p.e., guerras, v. 7; terremotos, v. 8; persecuciones, vv. 9-13). La respuesta apropiada del cristiano, dice San Marcos, no es de pánico (v. 7) sino de perseverancia. Marcos anima a sus lectores a ver su perseverancia en tiempos de tensión como una señal positiva del Espíritu protector de Dios que está con ellos hasta el fin (vv. 9 y 11). Aún más importante, San Marcos exige a sus lectores que busquen nuevas formas de predicar la Buena Nueva de Jesús "por todas las naciones" (v. 10), porque sólo cuando ese esfuerzo misionero se concluya podrá realmente venir el fin.

Una segunda característica del lenguaje apocalíptico es que algunos sucesos que han comenzado a ocurrir (en el pasado y en el presente) se presentan como acontecimientos del futuro. Este modo de escribir se usaba para dar seguridad a los lectores de la verdad de aquellas partes del men-

hermano entregará a la muerte al hermano y el padre al hijo; los hijos se rebelarán contra sus padres y les darán muerte. ¹³Y ustedes serán odiados por todos a causa de mi Nombre. Pero el que se mantenga firme hasta el fin se salvará.

¹⁴Cuando vean al *ídolo del opresor* instalado en el lugar donde no debe estar (el que lea, que entienda bien), entonces, que los que estén en Judea huyan a los cerros. ¹⁵Si estás en la parte superior de la casa, no bajes a recoger tus cosas. ¹⁶Si estás en el campo, no vuelvas a buscar tus ropas. ¹⁷¡Pobres de las mujeres que estén embarazadas o estén criando en aquellos días! ¹⁸Oren para que esto no suceda en invierno.

¹⁹Porque en aquellos días habrá una angustia como no hubo otra igual desde el principio de la creación hasta los días presentes, ni la habrá en el futuro. ²⁰Tanto que si el Señor no acortara esos días, no se salvaría nadie. Pero él ha decidido acortar esos días en consideración a sus elegidos. ²¹Entonces, si alguien les dice: Mira, el Cristo está aquí o allá, no le crean. ²²Ya que aparecerán falsos cristos y falsos profetas, que harán señales y prodigios con el fin de engañar, aun a los elegidos, si esto fuera posible. ²³Ustedes, pues, estén preparados; de antemano se lo he advertido todo.

²⁴Ahora bien, pasando a esos otros días, después de esa angustia: el sol no

saje que realmente pertenecían al futuro. Por ejemplo, los lectores de San Marcos podrían decir "Sí, algunas familias ya se han separado y se han dividido, porque algunos de sus miembros han escogido el seguir a Jesús" vv. 12-13). También podrían decir: "Sí, 'la presencia abominable' de los ídolos romanos ya está en Jerusalén, donde antes estaba el templo santo" (v. 14). Al mismo tiempo, lo que es más importante era que se dieran cuenta que el Señor *protegerá* a sus fieles cuando el fin realmente llegue, aún acortando los días de angustia en favor de aquellos que él ha escogido (v. 20). De hecho, añade San Marcos, la mejor señal del fin todavía no viene, esto es, el glorioso regreso del Hijo del Hombre (que se describirá en los vv. 24-27).

Al tener en cuenta la naturaleza de los escritos apocalípticos, los lectores del capítulo 13 pueden experimentar la urgencia de la espera y vigilancia de la iglesia primitiva por el regreso de su Señor ausente (vv. 15-19). También pueden escuchar la invitación de San Marcos a dejar a un lado todo cálculo inútil y temeroso sobre las señales de los últimos tiempos, a fin de vivir con valor el presente como misioneros sabios y diligentes del evangelio de Jesús.

13:24-27 La venida consoladora del Hijo del Hombre. Aunque los escritos apocalípticos se reconocen por sus espantosas y negras imágenes de pruebas, tribulaciones, y agitación en los cielos (vv. 24-25), también hay en ellos la luz profunda y consoladora que triunfa sobre la oscuridad. Aquí, este consuelo se presenta en la forma gloriosa del Hijo del Hombre, Jesús, que viene sobre las nubes a reunir a sus escogidos y fieles de toda

alumbrará, la luna perderá su brillo, ²⁵las estrellas caerán del cielo y el universo entero se conmoverá. ²⁶Y *verán al Hijo del Hombre viniendo en medio de las nubes,* con mucho poder y gloria. ²⁷Enviará a los ángeles para reunir a sus elegidos de los cuatro puntos cardinales, desde el extremo de la tierra hasta el extremo del cielo.

²⁸Aprendan este ejemplo de la higuera: cuando sus ramas están tiernas y le brotan las hojas, saben que el verano está cerca. ²⁹Así también ustedes, cuando vean todo esto, comprendan que ya está cerca, a las puertas. ³⁰Les aseguro que no pasará esta generación sin que todo esto suceda. ³¹Pasarán el cielo y la tierra, pero mis palabras no pasarán.

³²Pero, en cuanto se refiere a este Día o a esta Hora, no lo sabe nadie, ni los ángeles en el Cielo, ni el Hijo, sino sólo el Padre. ³³Estén preparados y vigilando, ya que no saben cuál será el momento. ³⁴Cuando un hombre sale al extranjero, dejando su casa al cuidado de sus sirvientes, cada cual con su oficio, al portero le manda estar despierto. ³⁵Lo mismo ustedes: estén despiertos, ya que no saben cuándo regresará el dueño de casa. Puede ser al atardecer, o a me-

la tierra (vv. 26-27). San Marcos toma este cuadro consolador de la liberación de Dios de las promesas del Antiguo Testamento contenidas en el profeta Daniel (Dan 7:13-14). Los lectores de Marcos hoy en día, tanto como sus primeros lectores, podrán muy bien ser alentados por esta promesa de la victoria final de Dios sobre cualquier dificultad y oscuridad que pueda afligirlos a ellos y a su mundo. Animados por esta alentadora visión, pueden aceptar más fácilmente su responsabilidad de ser una luz consoladora para aquellos que no han experimentado todavía el aspecto esperanzador de las promesas evangélicas.

13:28-37 "No sabemos cuándo, pero está cerca, por lo tanto perseveren". Tan ciertamente como otras predicciones de Jesús han ocurrido (su muerte y resurrección, la caída de Jerusalén, las tribulaciones de sus seguidores), así también regresará en su gloria a salvar a sus escogidos. Este mensaje alentador de 13:3-27 concluye con el llamado final de Jesús a sus fieles seguidores: "Así también ustedes, cuando vean todo esto, comprendan que ya está cerca, a las puertas (vv. 29-31); verán las señales del fin tan claramente como cuando las ramas de la higuera están tiernas y le brotan las hojas, anuncian que el verano está cerca (vv. 28-29)". "Pero", el Jesús de San Marcos subraya, "como nadie sabe cuándo será la hora . . . *estén preparados y vigilando* (vv. 32-33). Miren alrededor como el *centinela a la puerta* (v. 35). Para que no los encuentre dormidos (v. 36), *estén despiertos y alerta* (v. 37)".

El apocalíptico capítulo 13 termina con un fuerte desafío de San Marcos a todos sus lectores (no sólo a Pedro, Santiago, Juan, y Andrés del v. 3). Les pide que perseveren en su fe, aún en los oscuros días del sufrimiento a causa del evangelio. Debe de estar claro para los lectores de San

dianoche, o al canto del gallo, o de madrugada. ³⁶No sea que llegue de repente y los encuentre dormidos. ³⁷Lo que les digo a ustedes, se lo digo a todos: estén despiertos''.

14 ¹Faltaban dos días para la Fiesta de Pascua y de los Panes Azimos. Los jefes de los sacerdotes y los maestros de la Ley buscaban la manera como detener a Jesús por astucia y darle

Marcos que deben ser misioneros vigilantes de ese evangelio en el presente, puesto que el Hijo del Hombre se lo ha confiado a ellos hasta que regrese en toda su gloria.

MATARAN AL HIJO DEL HOMBRE PERO RESUCITARA AL TERCER DIA

Marcos 14:1–16:8

El relato tan familiar de la muerte y resurrección de Jesús es la cumbre del comprometedor drama de San Marcos. Todo ha estado llevando a estos tres capítulos, y San Marcos relata la historia de la pasión de tal manera que combine muchos de los temas claves de su evangelio. Por ejemplo, *los discípulos* todavía no tienen una idea clara, ni una confianza firme, en el señor a quien siguen. De hecho, todos se dispersan en el huerto cuando, con un beso, uno de ellos entrega a Jesús en manos de los que buscaban su muerte (14:43-52). Así mismo, el lector atento verá cómo los símbolos importantes del *pan* y el *cáliz* (desarrollados en los cc. 6–8 y 10) se unen en el pasaje de la Eucaristía que precede a la agonía de Jesús en el huerto (14:22-26). Un tercer tema que se está desarrollando en los capítulos anteriores, esto es, la identificación que Jesús hace de sí mismo con el *Doliente Hijo del Hombre,* tiene su cumbre al pie de la cruz, cuando el centurión romano declara al morir Jesús: ''Verdaderamente, este hombre era Hijo de Dios'' (15:39).

Para ahora, los lectores de San Marcos esperan algunos de los acontecimientos que ocurren en estos últimos capítulos. Sin embargo, el relato de la pasión de Marcos también sorprende a sus lectores con un final muy abrupto (16:8). Cuando las mujeres se alejan del sepulcro y no dicen nada a nadie porque tienen mucho miedo (16:8), los lectores de San Marcos deben completar la historia con su propia reflexión y respuesta. ¿Por qué termina San Marcos el evangelio de esta manera extraña? ¿Cuando pudieron vencer estas mujeres el miedo y la sorpresa y llevar a cabo la misión que les había confiado el joven que estaba en la tumba (16:7)? ¿A qué se debe la vacilación de los lectores para ser proclamadores valientes del mensaje de Jesús? Aunque los lectores de San Marcos saben

muerte. ²Pero decían: "No durante la fiesta, para que no se alborote el pueblo".
³Jesús estaba en Betania, comiendo en casa de Simón el leproso. Llegó una mujer con un frasco como de mármol, lleno de un perfume muy caro, de nardo puro. Lo quebró y derramó el perfume sobre la cabeza de Jesús. ⁴Algunos muy enojados, se decían entre sí: "¿A qué se debe este derroche de perfume? ⁵Se podía haber vendido en más de trescientas monedas de plata para ayudar a los pobres". Y reclamaban contra ella. ⁶Pero Jesús dijo: "Déjenla tranquila. ¿Por qué la molestan? Es una buena

que la mayoría de las predicciones de Jesús se han cumplido, quedan dos por cumplirse. Primero, ¿se apareció Jesús realmente a los discípulos en Galilea como lo había prometido (14:28)? (El lector sabe que sí lo hizo, pero *no* lo sabe por el relato de San Marcos). Segundo, ¿cumplirá Jesús su promesa de regresar "en medio de las nubes con mucho poder y gloria... a reunir a sus elegidos... desde el extremo de la tierra y hasta el extremo del cielo", (13:26-27)? Esto, ciertamente, todavía no había acontecido.

El final del evangelio de San Marcos es, por lo tanto, más bien, el principio de otra cosa. Es como si San Marcos estuviera diciendo que el evangelio todavía no termina. De hecho, la conclusión de San Marcos, deja a sus lectores con la sorprendente idea de que ellos tienen que concluir el evangelio, viviendo sus valores. Lo que parecía haber comenzado como un relato de San Marcos de la vida *pasada* de "Jesucristo, el Hijo de Dios" (1:1) termina con la dramática invitación a todos sus lectores a ser fieles imitadores de Jesús, el servidor, Hijo del Hombre (10:45), *en el presente*, hasta que venga a establecer el Reino de Dios con su poder (8:38 y 9:1).

14:1-11 Las preparaciones para la muerte y el entierro de Jesús. Los primeros versículos de la narración de la pasión preparan la escena y dan el tono emocional a todo lo que va a seguir. Mientras los jefes de los sacerdotes temen arrestar a Jesús para que "no se alborote el pueblo" (v. 2), uno de los Doce lo facilita prometiendo entregárselo, cambiando así su miedo en una anticipación jubilosa (vv. 10-11). En medio de los planes para la muerte de Jesús, San Marcos coloca la historia de la mujer de Betania (vv. 3-9), cuyo atrevimiento al honrar a Jesús "se contará en su honor lo que acaba de hacer en todas partes donde se anuncie la Buena Noticia, en el mundo entero" (v. 9).

Típicamente, los que están con Jesús no entienden lo que pasa a su alrededor. No ven que la mujer al ungir los pies de Jesús anticipa su entierro (v. 8). Sus intenciones son buenas (el dinero podría darse a los pobres, v. 5), pero su enojo con la mujer (vv. 4-5) muestra que no entendieron el simbolismo de su acción. Debía de haberles recordado la realidad

obra la que hizo conmigo. ⁷En cualquier momento podrán ayudar a los pobres, puesto que siempre los hay entre ustedes, pero a mí no me tendrán siempre. ⁸Esta mujer hizo lo que le correspondía, pues con esto se anticipó a preparar mi cuerpo para la sepultura. ⁹Yo les aseguro que, en todas partes donde se anuncie el Evangelio, en el mundo entero, se contará también en su honor lo que acaba de hacer''.

¹⁰Entonces Judas Iscariote, uno de los Doce, fue donde los jefes de los sacerdotes para entregarles a Jesús. ¹¹Ellos, al oírlo, se alegraron y prometieron darle dinero. Y Judas comenzó a buscar el momento oportuno para entregarlo.

¹²El primer día de la fiesta en que se comen los panes sin levadura, cuando se sacrificaba el Cordero Pascual, sus discípulos le dijeron: ''¿Dónde quieres que vayamos a preparar la Cena de Pascua?''

¹³Entonces Jesús mandó a dos de sus discípulos y les dijo: ''Vayan a la ciudad; les saldrá al encuentro un hombre que lleva un cántaro de agua. Síganlo, ¹⁴y donde entre, digan al dueño de la casa: El Maestro dice: ¿Dónde está mi pieza para celebrar la Cena de Pascua con mis discípulos? ¹⁵El les mostrará en el piso superior una pieza grande, amueblada, ya lista; preparen allí nuestra cena''.

¹⁶Los discípulos salieron, llegaron a la ciudad y encontraron las cosas tal como Jesús les había dicho, y prepararon la Pascua.

¹⁷Al atardecer, Jesús llegó con los Doce y, ¹⁸cuando estaban a la mesa comiendo, les dijo: ''Les aseguro que uno de ustedes me va a entregar, uno que

del camino doloroso de Jesús. Marcos no quiere que *sus* lectores pierdan ese punto. El cuidar a los pobres es la clave del seguimiento de Jesús (recuérdese el desafío al hombre rico en 10:21). Pero los seguidores de Jesús deben también aceptar *todo* lo que implica el ser sus discípulos, aún hasta el punto de dar sus vidas en servicio de las necesidades de todos, en imitación del doliente Hijo del Hombre (10:44-45).

14:12-26 Jesús hace sus propias preparaciones: la Pascua Eucarística. La entrada triunfal de Jesús a Jerusalén (11:8-11) ha sido precedida por la chocante predicción de que los discípulos encontrarían ''un burro amarrado, que ningún hombre ha montado todavía'' (11:2-7). Una predicción igualmente notable precede a la cena pascual que Jesús celebrará con sus discípulos (véase 14:12-16). Estas circunstancias tan sorprendentes preparan a los lectores de Marcos para una parte muy especial de la historia de Jesús.

La cena pascual de los hebreos conmemoraba su liberación de Egipto (''Pues Yavé pasará para castigar a los egipcios y, al ver *la sangre* en la entrada, *pasará de largo* y no permitirá, que el Exterminador entre en sus casas y los mate'', Ex 12:23.) Al comienzo de la cena pascual de Jesús con sus discípulos, un discípulo anónimo (por ahora) y digno de lástima, fue simbólicamente señalado como el que traicionaría a Jesús, e, irónicamente, el que contribuiría a la nueva liberación del pueblo de Dios (vv. 17-21).

comparte mi pan''. ¹⁹Ellos se entristecieron y empezaron a preguntar uno por uno: ''¿Soy yo?'' ²⁰El les respondió: ''Es uno de los Doce, y que conmigo mete la mano en el plato. ²¹El Hijo del Hombre se va, conforme dijeron de él las Escrituras, pero ¡pobre de aquel que entrega al Hijo del Hombre! Sería mucho mejor para él no haber nacido''. ²²Mientras estaban comiendo, Jesús tomó pan y, después de pronunciar la bendición, lo partió y se lo dio, diciendo: ''Tomen; esto es mi cuerpo''. ²³Después tomó una copa, dio gracias, se la entregó y todos bebieron de ella. ²⁴Y les dijo: ''Esto es mi sangre, sangre de la Alianza, sangre que será derramada por una muchedumbre. ²⁵Sepan que no volveré a beber del jugo de la uva hasta el día en que beba vino nuevo en el Reino de Dios''.

²⁶Una vez cantados los himnos se fueron al cerro de los Olivos. ²⁷Y Jesús les dijo: ''Todos ustedes caerán esta noche y ya no sabrán qué pensar de mí. Y se cumplirá lo que dice la Escritura: *Heriré al pastor y sus ovejas se dispersarán.* ²⁸Pero, cuando resucite, iré delante de ustedes a Galilea''.

²⁹Entonces Pedro le dijo: ''Aunque todos tropiecen y caigan, yo no''. ³⁰Jesús le contestó: ''Te aseguro que hoy esta

Esta preparación tan dramática lleva al relato del primer banquete eucarístico de San Marcos (vv. 22-25), que era tan central para la vida de la comunidad cristiana de entonces como lo es ahora. Ciertamente, San Marcos fue fiel al transmitir la tradición de la iglesia primitiva de que la Eucaristía cristiana es la *nueva Pascua.* La muerte y resurrección salvadoras de Jesús eran el modo nuevo y perfecto de Dios de liberar a su pueblo. Los cristianos de San Marcos compartían en la nueva Alianza del cuerpo y de la sangre de Cristo cuando compartían el pan y el cáliz eucarísticos. Al mismo tiempo, San Marcos usa la ocasión de la primera Eucaristía para terminar un tema especial que ha estado desarrollando sobre la ceguera de los discípulos. (*El Pan* no ha sido mencionado desde los cc. 6-8, donde los discípulos no vieron el significado más profundo de los milagros de Jesús, especialmente de ''los panes''; el *cáliz* no ha sido mencionado desde 10:35-45, cuando Jesús aclaró su conexión íntima con su muerte). Consecuentemente, San Marcos les está diciendo a sus lectores que los que desean compartir del cáliz eucarístico de Jesús (ahora y en el banquete celestial, v. 25) deben primero escoger compartir plenamente en el camino de Jesús de servicio doloroso (10:45a: ''El Hijo del Hombre no vino para que lo sirvieran, sino para servir''). Deben participar activamente en la misión de Jesús aquí en la tierra, que incluye el ''derramar'' sus vidas ''por una muchedumbre'' (v. 24), siempre en imitación suya (10:45b: ''El Hijo del Hombre ha venido . . . a dar su vida para rescatar *a muchos*'').

14:27-31 ''El rebaño se dispersará''. Después de llegar al Monte de los Olivos con sus discípulos (vv. 26-27), Jesús hace tres predicciones más: (1) el rebaño (los discípulos) se dispersarán a su muerte (v. 27); (2) una vez resucitado, Jesús irá delante de ellos a Galilea (v. 28); y (3) Pedro le

misma noche, antes que el gallo cante dos veces, tú me habrás negado tres veces''. ³¹Pero él insistía: ''Aunque tenga que morir contigo, no te negaré''. Y todos decían lo mismo.

³²Llegaron a una propiedad llamada Getsemaní, y Jesús dijo a sus discípulos: ''Siéntense aquí mientras voy a orar''. ³³Y llevó consigo a Pedro, a Santiago, y a Juan, y comenzó a sentir temor y angustia. ³⁴Entonces les dijo: ''Siento en mi alma una tristeza mortal. Quédense aquí y permanezcan despiertos''.

³⁵Jesús se adelantó un poco y cayó en tierra, suplicando que, si era posible, no tuviera que pasar por aquella hora.

³⁶Decía: ''Abbá, a sea, Padre; para ti todo es posible; aparta de mí esta copa. Pero no: no se haga lo que yo quiero, sino lo que quieras tú''.

³⁷Volvió y los encontró dormidos. Y dijo a Pedro: ''Simón, ¿duermes? No pudiste estar despierto ni una hora. ³⁸Estén despiertos y oren, para que no caigan en tentación; el espíritu es animoso, pero la carne es débil''.

³⁹Y se alejó otra vez a orar, repitiendo las mismas palabras. ⁴⁰Volvió de nuevo y los encontró dormidos. No podían resistir el sueño y no supieron qué contestarle. ⁴¹Cuando vino por tercera vez, les dijo: ''Ahora sí que pueden dormir y descansar. Se acabó. Llegó la hora: el

negará tres veces, ''antes que el gallo cante dos veces'' (v. 30). A pesar de las protestas de Pedro y de los otros, los lectores de San Marcos saben que dos de estas predicciones, por desgracia, se realizarán a corto plazo. Todos los discípulos huirán y abandonarán a Jesús (v. 50); Pedro le negará (vv. 66-72). Sin embargo, la predicción de verle en Galilea quedará sin cumplirse al terminar el evangelio de Marcos (16:8). San Marcos desafía a sus lectores a reflexionar sobre el significado de esta predicción no cumplida cuando Pedro, Santiago, y Juan entren en el huerto con Jesús (v. 32).

14:32-42 La experiencia del huerto: modelo de fe radical. El relato de San Marcos de la agonía de Jesús en el huerto contiene realmente dos escenas conmovedoras. En la primera (vv. 33-36), los lectores de San Marcos son testigos privilegiados de la profunda humanidad de Jesús, al verlo oprimido por el miedo y la tristeza ante la posibilidad de su muerte inminente (este es el ''cáliz'' del v. 36). También reconocen en la aceptación final de la voluntad de su Padre el último acto de su amante humanidad, esto es, su decisión de entregar su vida por el Padre y por todo el pueblo.

La segunda escena (vv. 37-42) dirige la atención de los lectores a los discípulos que se duermen mientras Jesús lucha en oración. San Marcos espera que sus lectores se enfrenten a la vida y escojan ser humanos como Jesús, no como discípulos. La profundidad de la decisión de Jesús de beber el cáliz puede ser comprendida, irónicamente, sólo por algunos lectores del evangelio de San Marcos, aquellos que han llegado a estar cerca de la desesperación como Jesús en el huerto, y que pueden realmente identificarse con él. San Marcos espera que Jesús sea para ellos un modelo

Hijo del Hombre va a ser entregado en manos de los pecadores. ⁴²¡Levántense! ¡Vamos! Ya está aquí el que me entrega''.

⁴³En el mismo momento en que hablaba, se presentó Judas, uno de los Doce. Lo acompañaba un buen grupo de gente con espadas y palos, enviados por los jefes de los sacerdotes, los maestros de la Ley y los jefes de los judíos. ⁴⁴Pues bien, el traidor les había dado esta señal: ''Al que yo dé un beso, ése es; deténganlo y llévenlo con cuidado''. ⁴⁵Judas se acercó a Jesús llamando: ''¡Maestro, Maestro!'', y lo besó. ⁴⁶Ellos entonces lo tomaron y se lo llevaron arrestado. ⁴⁷En eso uno de los que estaban con Jesús sacó la espada e hirió al servidor del Sumo Sacerdote, cortándole una oreja.

⁴⁸Jesús les dijo: ''¿Acaso soy un ladrón para que salgan a detenerme con espadas y palos? ⁴⁹Todos los días estaba entre ustedes enseñando en el Templo, y no me detuvieron. Pero ¡otra vez se cumple lo anunciado en la Escritura!'' ⁵⁰Y todos los que estaban con Jesús huyeron y lo abandonaron. ⁵¹Un joven lo había acompañado, envuelto sólo en una sábana, y lo detuvieron; ⁵²pero él, soltando la sábana, huyó desnudo.

⁵³Llevaron a Jesús ante el Sumo Sacerdote y se reunieron allí todos: jefes de los sacerdotes, autoridades judías y maestros de la Ley. ⁵⁴Pedro lo había

auténtico (verdaderamente humano) de fe y amor en la ''hora'' de dolor (v. 41) en su vida cristiana y humana.

14:43-52 Todo comienza a encajar: la traición y la prisión. Una vez Jesús ha hecho la decisión de entregarse a la voluntad de su Padre (v. 36), los demás detalles de la historia de la pasión caen rápidamente en su sitio. Jesús, inmediatamente después de ser traicionada con el beso de Judas (vv. 44-45), es tomado preso y llevado como si fuera un ladrón (v. 48). San Marcos dice muy claramente, en el versículo 49, que el arresto de Jesús inocente, así como el resto de la experiencia de su pasión, está de acuerdo con las profecías del Antiguo Testamento sobre el modo en que el Mesías de Israel iba a ser tratado por su propio pueblo.

Otros tres detalles de este pasaje hacen resaltar lo despistados que estaban los compañeros de Jesús sobre lo que realmente iba a pasar: Uno de ellos cree que puede detener la violencia con la violencia (v. 47); todos los demás lo dejan solo (v. 50); y aún el joven que lo sigue, ''envuelto sólo en una sábana'', huye tan pronto como los enemigos de Jesús tratan de atraparlo (vv. 51-52). Estos detalles del relato de la pasión de San Marcos sirven no sólo para recordar a sus lectores ''cómo pasó'', sino también para estimularlos a preguntarse a sí mismos hasta dónde irían ellos con Jesús y los valores evangélicos en las situacionces difíciles de su propia vida.

14:53-65 El juicio, el fallo, y la sentencia: Muerte. Lo que se ha llamado el proceso de Jesús está lleno de cargos falsos inventados contra él. En respuesta a tales testimonios, Jesús ''guardaba silencio sin decir palabra''

El monte de los Olivos desde la muralla oriental de Jersualén

Jerusalén vista desde el monte de los Olivos

La Basílica de la Agonía, también llamada la iglesia de Todas las Naciones, marcando el sitio de la agonía de Cristo en el vecino jardín de Getsemaní (Mc 14:32ff.)

La gruta de Getsemaní, tradicionalmente se creía ser la cueva en la que Judas traicionó a Jesús y donde Jesús fue arrestado

seguido de lejos, hasta el interior del palacio, y allí se sentó con los servidores a pasar el frío cerca del fuego. ⁵⁵Los jefes de los sacerdotes y todo el Consejo Supremo querían la muerte de Jesús. Buscaban testigos contra él, pero no los encontraban. ⁵⁶En realidad, varios presentaban acusaciones falsas contra él, pero no estaban de acuerdo en lo que decían. ⁵⁷Por fin, algunos dieron este testimonio falso: ⁵⁸"Nosotros lo hemos oído decir: Yo destruiré este Templo hecho por la mano del hombre y en tres días construiré otro no hecho por hombres". ⁵⁹Pero tampoco en esta acusación estaban de acuerdo.

⁶⁰Entonces, el Sumo Sacerdote se levantó y, colocándose delante de todos, preguntó a Jesús: "¿No tienes nada que responder? ¿Qué es esto que declaran en tu contra?" ⁶¹Pero él guardaba silencio sin decir palabra. Nueva-mente el Sumo Sacerdote le preguntó: "¿Eres tú el Cristo, Hijo de Dios Bendito?" ⁶²Jesús respondió: "Yo soy, y un día *verán al Hijo del Hombre sentado a la derecha del Dios Poderoso y viniendo en medio de las nubes del cielo*".

⁶³El Sumo Sacerdote rasgó sus vestiduras y dijo: "¿Para qué queremos ya testigos? ⁶⁴Ustedes acaban de oír estas palabras escandalosas. ¿Qué les parece?" Y estuvieron de acuerdo en que merecía la pena de muerte.

⁶⁵Después algunos se pusieron a escupirlo. Le cubrieron la cara para pegarle, mientras le decían: "Adivina quién fue". Los sirvientes lo abofeteaban.

⁶⁶Mientras estaba Pedro abajo, en el patio, llegó una de las sirvientas del Sumo Sacerdote. ⁶⁷Al verlo cerca del fuego, lo miró fijamente y le dijo: "Tú también andabas con Jesús de Nazaret".

(v. 61). El veredicto de culpable dado por el sumo sacerdote (v. 64) se pronuncia sólo cuando el "silencioso" afirma que él es "el Cristo, Hijo de Dios Bendito", que se sentará con Dios ("el Poderoso") en los cielos "viniendo en medio de las nubes del cielo" a juzgar en los últimos tiempos (v. 62). Es irónico que ninguno de los testimonios *falsos* pudieron impugnar la inocencia de Jesús (v. 55); es sólo cuando él dice la *verdad* sobre sí mismo que él es condenado a muerte (v. 62). Ciertamente, los lectores de San Marcos se sentirían orgullosos de la perseverancia de su Señor al enfrentarse a este juicio humillante, a las afrentas, burlas y los escupidos que lo acompañan (v. 65). Pero ¿serán ellos más fieles que Pedro (véase el siguiente pasaje) cuando se vean fuertemente probados en su fe?

14:66-72 Pedro niega a Jesús tres veces. Como lo había predicho Jesús (14:27), todos sus discípulos lo abandonaron en el huerto y huyeron (14:50). Como la había predicho (14:30), hasta Pedro lo niega, no sólo una vez sino "tres veces" (vv. 66-72). Sin embargo, las lágrimas de Pedro (v. 72) indican su remordimiento y dolor, pudiendo dar ánimo a cualquiera de los lectores de San Marcos que pueda haber sido infiel seguidor de Jesús; ellos saben que el que negó a su Señor tres veces, seguirá adelante y experimentará la misericordia de un Dios compasivo, y llegará a ser en la iglesia primitiva el más grande "apóstol de los judíos" (Gal 2:8) después de la resurrección. Con las lágrimas de Pedro, San Marcos ofrece

⁶⁸El lo negó: "No lo conozco ni sé de que hablas". Y salió afuera, a la puerta. ⁶⁹Pero lo vio la sirvienta y otra vez dijo a los que estaban allí: "Este es uno de ellos". ⁷⁰Pedro volvió a negarlo. Más tarde, los que estaban allí volvieron a decir a Pedro: "Es claro que tú eres de ellos, pues eres galileo". ⁷¹Entonces se puso a maldecir y a jurar: "Yo no conozco a ese hombre de que hablan". ⁷²En ese momento cantó un gallo por segunda vez. Y Pedro recordó lo que Jesús le había dicho: "Antes que el gallo cante dos veces, me habrás negado tres veces". Y se puso a llorar.

15 ¹Al amanecer, sin perder tiempo, los jefes de los sacerdotes se reunieron con las autoridades judías, los maestros de la Ley y todos los miembros del Consejo. Después de haber atado a Jesús, lo llevaron y lo entregaron a Pilato.

²Pilato le preguntó: "¿Tú eres el rey de los judíos?" Jesús respondió: "Así es, como tú lo dices". ³Pero, como los jefes de los sacerdotes acusaban a Jesús de muchas cosas, ⁴Pilato volvió a preguntarle: "¿No contestas nada? Mira de cuántas cosas te acusan". ⁵Pero Jesús ya no respondió más, de manera que Pilato no sabía qué pensar.

⁶En cada fiesta de Pascua, Pilato ponía en libertad a un preso, a elección del pueblo. ⁷Uno, llamado Barrabás, había sido encarcelado con otros revoltosos que, en un motín, habían causado muerte de personas. ⁸El pueblo, pues, subio y empezó a pedir la libertad de un preso, como era la costumbre. ⁹Pilato preguntó: "¿Quieren que ponga en libertad al rey de los judíos?" ¹⁰(Porque se daba cuenta que los jefes de los sacerdotes habían entregado a Jesús por envidia). ¹¹Pero ellos incitaron

gran esperanza a cualquiera de sus lectores cristianos que carezca de valor y fe. Nunca es demasiado tarde para que ellos digan con corazón contrito: "Sí, ¡estoy con Jesús de Nazaret!"

15:1-15 Los jefes de los sacerdotes y Pilato entregan "al rey de los judíos". Está claro desde el principio de este pasaje (15:1: "al amanecer") los ansiosos que estaban los sacerdotes judíos de obtener la cooperación del oficial romano. Pilato, para deshacerse de Jesús. Anteriormente, el sumo sacerdote le había preguntado a Jesús, en términos judíos, si él era "el Cristo, Hijo de Dios bendito". El romano ahora pregunta, en términos que para él tienen significado político, si Jesús es "el rey los judíos" (15:2). Jesús acepta el título que le da Pilato (15:3), que equivale a decir "culpable" del crimen de alta traición. (No hay otro rey en territorio romano que el César). Aún así, Pilato entiende los cargos hechos contra Jesús (15:10: "se daba cuenta que los jefes de los sacerdotes habían entregado a Jesús por envidia"). Procura soltar a Jesús en lugar de Barrabás, pero los sacerdotes incitan a la multitud a pedir a Barrabás (v. 11). Pilato termina queriendo "dejar todo esto". Pilato cumple su papel cobarde en el drama evangélico. Aunque estaba convencido de la inocencia de Jesús, cede a la presión y lo entrega para ser azotado y crucificado. Jesús comienza a beber profundamente "el cáliz".

al pueblo para que pidiera la libertad de Barrabás. ¹²Pilato les dijo: "¿Qué hago con el que ustedes llaman rey de los judíos?" ¹³El pueblo gritó de nuevo: "¡Crucifícalo!" ¹⁴Pilato contestó: "¿Qué mal ha hecho?" Pero los gritos fueron cada vez más fuertes: "¡Crucifícalo!" ¹⁵Pilato quería dar satisfacción al pueblo. Por eso dejó libre a Barrabás y, después de haber hecho azotar a Jesús, lo entregó para que fuera crucificado.

¹⁶Los soldados lo llevaron al patio interior, llamado pretorio, y llamaron a todos sus compañeros. ¹⁷Lo vistieron con una capa roja y colocaron sobre su cabeza una corona trenzada con espinas. ¹⁸Después, se pusieron a saludarlo: "¡Viva el rey de los judíos!" ¹⁹Y le golpeaban la cabeza con una caña, lo escupían y luego, arrodillándose, le hacían reverencias.

²⁰Después de burlarse de él, le sacaron la capa roja y le pusieron sus ropas. ²¹Entonces los soldados sacaron fuera a Jesús para crucificarlo. Al salir, se encontraron con Simón de Cirene (padre de Alejandro y de Rufo), que volvía del campo, y lo obligaron a llevar la cruz de Jesús. ²²Llevaron a Jesús al lugar llamado Gólgota o Calvario, lo que significa "Sitio de la calavera".

²³Le dieron vino mezclado con mirra, pero él no lo bebió. ²⁴Lo crucificaron y se repartieron sus ropas, sorteándolas entre ellos. ²⁵Eran como las nueve de la mañana cuando lo crucificaron. ²⁶Pusieron una inscripción con el motivo de su condenación, que decía: "El rey de los

15:20-32 El Climax: se burlaron de él y lo crucificaron. Una vez más, después de la intriga de "los juicios" que muestra cuán inocente Jesús es, se desarrollan rápidamente los horribles sucesos de la pasión. Después de azotar a Jesús (v. 15), los soldados romanos lo visten con un manto de "púrpura real" y lo "coronan" con espinas y por burla le llaman "rey de los judíos" (vv. 16-20). Durante todos los escupidos y los azotes que recibe, Jesús permanece en silencio. Los lectores de Marcos ciertamente reconocerían en esto el cumplimiento de la profecía de Isaías sobre el Mesías: "He ofrecido mi espalda a los que me golpeaban . . . y no oculté mi rostro ante las injurias y los escupos" (Is 50:6).

El climax del drama de Marcos llega en la crucifixión de Jesús. Los lectores del evangelio de San Marcos notarán que algunos detalles conocidos faltan en el relato de San Marcos sobre el viacrucis. Por ejemplo, las mujeres de Jerusalén que lloran (Lc 23:27-31) no salen a encontrarlo; así mismo, *los dos* hombres que son crucificados con Jesús se unen a los que pasan burlándose de Jesús (vv. 27-32); esto es distinto de lo que anota San Lucas sobre el intercambio memorable entre Jesús y el "buen ladrón" (Lc 23:40-43). Consecuentemente, los lectores de San Marcos se quedan con un cuadro duro. Su Señor cuelga solo en la cruz, expuesto a la burla de la gente que él vino a salvar.

Uno de los últimos gritos de burla (v. 32: "Que ese Cristo, ese rey de Israel, baje ahora de la cruz para que lo veamos y creamos") se convierte para San Marcos en un profundo desafío a la fe de sus lectores.

judíos". ²⁷Junto con Jesús crucificaron a dos ladrones, uno a su derecha y otro a su izquierda. ²⁸Así se cumplió le Escritura, que dice: *Y fue contado entre los malhechores.*

²⁹Los que pasaban lo insultaban, moviendo la cabeza y diciendo: "Tú, que destruyes el Templo y lo levantas en tres días, ³⁰sálvate a ti mismo y baja de tu cruz". ³¹Asímismo, los jefes de los sacerdotes y los maestros de la Ley se burlaban de él y decían entre ellos: "Salvó a otros, y a sí mismo no puede salvarse. ³²Que ese Cristo, ese rey de Is-rael, baje ahora de la cruz para que lo veamos y creamos". Y también lo insultaban los que estaban crucificados con él.

³³Llegado el mediodía, se oscureció todo el país hasta las tres de la tarde, ³⁴ya esa hora Jesús gritó con voz fuerte: Eloí, Eloí, ¿lamá sabactani?", que quiere decir: *"Dios mío, Dios mío, ¿por qué me has abandonado?"* ³⁵Entonces algunos de los que estaban allí dijeron: "Está llamando a Elías". ³⁶Uno de ellos corrió a mojar una esponja en vino agridulce, la puso en la punta de una caña y le

¿Creerán ellos en Jesús precisamente porque *no* bajó de la cruz? ¿Serán capaces de descubrir un significado en sus propios sufrimientos inexplicables, a la luz del sufrimiento absurdo de su Mesías y Rey? ¿Podrán ver ellos el valor positivo y salvador de su sufrimiento, como San Pablo lo hizo: *"Así completo en mi carne lo que falta a los sufrimientos de Cristo, para bien de su cuerpo, que es la Iglesia"* (Col 1:24)?

15:33-41 En su muerte Jesús es reconocido como Hijo de Dios. Los lectores de San Marcos han llegado ahora con Jesús *al* momento para el cual toda su vida los ha preparado. Junto los discípulos "ciegos", ellos también han caminado con Jesús mientras él ha compartido su vida y su poder de sanación con los demás (cc. 1–8). Han aprendido qué es necesario para ser cristianos, discípulos instruídos y verdaderos (cc. 9-13). Lo único que se requiere ahora es que permanezcan con él hasta el final.

En la hora oscura de la muerte de Jesús (v. 33), los lectores de San Marcos ven la luz. Es allí, al pie de la cruz, donde escuchan el grito de su Señor: "Dios mío, Dios mío, ¿por qué me has abandonado?"(v. 34). San Marcos no quiere que sus cristianos interpreten erróneamente el grito de Jesús (como lo hicieron los que estaban allí parados, que pensaron que era simplemente una petición desesperada de ayuda al profeta Elías, vv. 35-36). Al contrario, Marcos desea que reconozcan en las últimas palabras de Jesús y en su muerte el acto final de entrega y confianza. Como el salmista que primero lanzó este grito (Sal 22:2), el Jesús de San Marcos cree que Dios lo oirá (Sal 22:5) y le dará vida, precisamente porque sufrió y murió por amor y obediencia. ¿Quién hubiera creído que la vida podía venir de la muerte? Sin embargo, San Marcos quiere que sus lectores crean que esto *es* verdad, no sólo para Jesús sino también para cualquiera que siga sus pasos. ¿Quién hubiera esperado que un centurión pagano fuera

ofreció de beber, diciendo: "Déjenme, a ver si viene Elías a bajarlo". ³⁷Pero Jesús, dando un fuerte grito, expiró.

³⁸En seguida la cortina que cerraba el santuario del Templo se partió en dos, de arriba a abajo, ³⁹y el capitán romano que estaba frente a él, al ver cómo había expirado, dijo: "Verdaderamente, este hombre era Hijo de Dios".

⁴⁰Unas mujeres miraban de lejos. Entre ellas, María Magdalena, María, madre de Santiago el Menor y de José, y Salomé. ⁴¹Ellas lo seguían y lo servían cuando estaba en Galilea. Con ellas había otras más, que habían subido con Jesús a Jerusalén.

⁴²Había caído la tarde y, como era la víspera del sábado, ⁴³alguien tuvo la valentía de ir donde Pilato y pedirle el cuerpo de Jesús. Era José, del pueblo de Arimatea, miembro respetable del Consejo Supremo, que esperaba también el Reino de Dios.

⁴⁴Pilato se extrañó de que ya hubiera muerto, y llamó al capitán para saber si realmente era así. ⁴⁵El lo confirmó, y Pilato entregó el cuerpo de Jesús. ⁴⁶José bajó el cuerpo de la cruz y lo envolvió en una sábana que había comprado. Después de ponerlo en un sepulcro que estaba cavado en la roca, hizo rodar una piedra grande a la entrada de la tumba. ⁴⁷María Magdalena y María, madre de José, estaban ahí mirando dónde lo depositaban.

16 ¹Cuando pasó el sábado, María Magdalena, María, madre de Santiago, y Salomé compraron aromas

---

el primero en declarar que Jesús era "el Hijo de Dios"? Sin embargo, San Marcos pide a sus lectores que vean *vivo* al Hijo de Dios más claramente en su *muerte* humilde y amorosa, como lo vió el centurión pagano.

15:42-47 Jesús es sepultado por José de Arimatea. Cerca del fin del ministerio de Jesús en Jerusalén, se había encontrado con un maestro de la Ley que "no estaba lejos del Reino de Dios" (12:28-34). Para los lectores de San Marcos, la respuesta sincera de aquel maestro a Jesús era más auténtica que la respuesta de los propios discípulos de Jesús. Una vez más, en la escena del entierro, no son los discípulos de Jesús los que responden apropiadamente, sino José de Arimatea, "un miembro respetable del Consejo Supremo" (15:43). El tuvo valor suficiente para arreglar con cuidado reverente el entierro de Jesús (vv. 43-46). Así, aún al narrar el sepelio de Jesús, San Marcos anima a sus lectores a tener más fe que los primeros discípulos de Jesús. La pregunta de Pilato sobre si realmente "Jesús ya había muerto" (v. 44) también es un detalle importante para San Marcos. Tal insistencia en el fin ("*había muerto*", v. 45) prepara a los lectores de San Marcos para el contraste más fuerte del evangelio entero, esto es, la proclamación del joven en la tumba: "No se asusten. Ustedes buscan a Jesús Nazareno, el que fue crucificado. Resucitó; no está aquí, éste es el lugar donde lo pusieron" (16:6).

16:1-8 El fin es el principio. Vayan pues y digan que ha resucitado. "Y no dijeron nada a nadie, de tanto miedo que tenían" (16:8). Así respon-

para embalsamar el cuerpo. ²Y muy temprano, en ese primer día de la semana, llegaron al sepulcro apenas salido el sol. Se decían unas a otras: ³"¿Quién nos removerá la piedra del sepulcro?" ⁴Pero, cuando miraron, vieron que la piedra había sido echada a un lado, y eso que era una piedra muy grande. ⁵El entrar en el sepulcro, vieron a un joven sentado al lado derecho, vestido enteramente de blanco, y se asustaron. ⁶Pero él les dijo: "No se asusten. Ustedes buscan a Jesús Nazareno, el que fue crucificado. Resucitó; no está aquí; éste es el lugar donde lo pusieron, ¿no es cierto? ⁷Ahora bien, vayan a decir a Pedro y a los otros discípulos que Jesús se les adelanta camino de Galilea. Allí lo verán tal como él se lo dijo".

⁸Entonces las mujeres salieron corriendo del sepulcro. Estaban asustadas y asombradas y no dijeron nada a nadie, de tanto miedo que tenían.

⁹Jesús, que resucitó en la madrugada del primer día de la semana, se apareció primero a María Magdalena, de la que había echado siete espíritus malos. ¹⁰Ella fue a anunciárselo a los que habían sido compañeros de Jesús y que estaban tristes y lo lloraban. ¹¹Pero al oírle decir que vivía y que lo había visto, no lo creyeron.

den las mujeres a la maravillosa noticia de la resurrección de Jesús. Así es también como San Marcos termina su evangelio (generalmente se está de acuerdo en que los vv. 9-20 fueron añadidos más tarde al evangelio de San Marcos por alguien que no podía creer que Marcos terminara como lo hizo). Acabando de esta manera, San Marcos de hecho invita a sus lectores a tomar el lugar de las mujeres ante la tumba vacía. Las mujeres no cumplieron con la misión que recibieron del mensajero de Dios (el joven "vestido enteramente de blanco", v. 5). San Marcos quiere que sus discípulos propaguen la Buena Nueva de que Dios ha sacado vida de la muerte, resucitando a Jesús de entre los muertos (vv. 6-7). San Marcos quiere que lo hagan sin el miedo, el temor, y el temblor de las mujeres (v. 8).

Los lectores de San Marcos bien podrían preguntar cómo podrán ellos ser mejores discípulos que las mujeres y los hombres que estuvieron con Jesús durante su vida, en su muerte, y la tumba vacía. San Marcos probablemente les contestaría así. "Este evangelio ha sido escrito para ustedes. Perseveren como fieles seguidores del Jesús que les ha presentado. Su resurrección no es el fin. Ha ido adelante de ustedes como el Mesías servidor. Ahora ustedes deben cuidar de las necesidades de los más necesitados, hasta que él venga. El ha dado significado al sufrimiento y ha sacado vida de la muerte. Tengan confianza en él y den su vida a los que no tienen esperanza. En cualquier cosa que hagan, dejen que los demás vean por sus palabras valientes y por su vida de servicio, que ustedes han escuchado el llamado del Señor y que han decidido seguirlo hasta volverlo a ver, como él lo ha premetido".

¹²Después Jesús se apareció bajo otra figura a dos de ellos, cuando iban al campo. ¹³Estos volvieron a contárselo a los demás, pero tampoco los creyeron. ¹⁴Por último, Jesús se apareció a los once discípulos cuando estaban comiendo. Jesús los reprendió por su falta de fe y su porfía en no creer a los que lo habían visto resucitado. ¹⁵Y les dijo: "Vayan por todo el mundo y anuncien la Buena Nueva a toda la creación. ¹⁶El que crea y se bautice se salvará. El que se resista a creer se condenará. ¹⁷Y estas señales acom-

LOS "OTROS" TRES FINALES DEL EVANGELIO

Marcos 16:9-20 +

Aunque casi todos los especialistas creen que San Marcos tenía un plan al acabar su evangelio abruptamente en 16:8, no fue siempre así. Algunos cristianos del siglo primero o segundo trataron de "completar" el drama evangélico añadiendo escenas que ellos creían que San Marcos debería haber añadido por sí mismo.

El primer final "extra", la llamada conclusión larga (vv. 9-20), incluye las apariciones de Jesús resucitado a María Magdalena y a los discípulos. Estas apariciones debían inspirar a la primitiva iglesia misionera a ir "por todo el mundo y anunciar la Buena Nueva a toda la creación" (v. 15). Los misioneros de la iglesia no tenían que temer porque el Señor que había ascendido al cielo (v. 19) estaba con ellos en su predicación (v. 20) y confirmaría su mensaje con signos especiales de protección y poder (vv. 17-18). Los lectores despiertos notarán algunos temas en estos versos que no se parecen en nada a lo que han visto antes en el evangelio de San Marcos. También podrán reconocer en ellos algunos ecos de escenas familiares de los otros evangelios, reunidas aquí para suavizar el final abrupto de San Marcos (por ejemplo, María Magdalena, sola, se encuentra con Jesús en el evangelio de San Juan, 20:11-18; la aparición a los dos discípulos nos recuerda la aparición de Emaús narrada por San Lucas, 24:13-35; y la comisión de "vayan por todo el mundo y anuncien", suena como el final del evangelio de San Mateo, 28:16-20).

La llamada conclusión corta, cuando se lee inmediatamente después de 16:8, aparece como otro intento de la iglesia primitiva por terminar el evangelio de San Marcos más suavemente. Cambia el miedo y el silencio de las mujeres en la tumba y muestra cómo el mensaje de la resurrección fue proclamado a través de "Pedro y sus compañeros".

El final de "Freer" preservado en la Galería "Freer" de Washington, D.C., es un añadido del siglo V a la conclusión larga. Aparece entre los

pañarán a los que crean: en mi Nombre echarán los espíritus malos, hablarán en nuevas lenguas, [18]tomarán con sus manos los serpientes y, si beben algún veneno, no les hará ningún daño. Pondrán las manos sobre los enfermos y los sanarán".

[19]Así, pues, el Señor Jesús, después de hablar con ellos, fue llevado al cielo y se sentó a la derecha de Dios. [20]Y los discípulos salieron a predicar por todas partes con la ayuda del Señor, el cual confirmaba su mensaje con las señales que lo acompañaban.

versículos 14 y 15, y excusa "la falta de fe y la porfía" de los discípulos que se encuentra en 16:14.

Aunque la iglesia ha reconocido estos "finales añadidos" como dignos de inclusión en el texto inspirado, ninguno de ellos es tan inspirador ni tan desafiante como el de San Marcos. El final abrupto de San Marcos les deja a sus lectores que "completen" el evangelio en sus vidas.

AYUDAS PARA DIALOGAR
Y REPASAR LOS TEMAS DEL EVANGELIO

I

Introducción (*páginas* 7–11)

1. Después de leer todo el evangelio de Marcos, ¿con qué personaje te identificas mejor, con Jesús o con los discípulos? ¿Por qué?

2. Describe en unas pocas frases quién es el Jesús de Marcos con sus principales características. ¿Qué es lo que más te impresiona del Jesús de San Marcos?

3. Describe igualmente las principales características de los discípulos en el evangelio de San Marcos. ¿En qué te pareces tú a ellos?

4. ¿Qué importancia especial ves en la escena de Jesús en el huerto (14:32-42) ¿En qué momentos de tu vida te puede inspirar?

5. A juzgar por los detalles que no cuenta sobre Jesús, ¿qué clase de persona debió ser San Marcos, el autor del evangelio? ¿Qué más sabes sobre San Marcos? ¿Qué clase de cristianos y qué clase de problemas, tenía en mente San Marcos al escribir su evangelio? ¿En qué nos parecemos nosotros a los lectores originales de San Marcos?

6. Después de leer todo el evangelio de San Marcos, junto con el Prefacio y la Introducción, ¿qué es lo que te impresionó o interesó más? ¿Cuáles son los cinco versículos que te parecen más importantes o que te gustan más en todo el evangelio? Apréndelos de memoria recordando el capítulo y versículo de cada uno de ellos.

II

1:1–5:43 Comienza el drama: ¿Quién es Jesús? (*páginas* 13–37)

1. ¿Qué indicios ves en el primer capítulo del evangelio de Marcos que indican cómo acabará "el drama de Jesús"?

2. ¿Qué es el secreto Mesiánico de Marcos? ¿Por qué diría a sus lectores Marcos que Jesús mandaba que no publicaran sus milagros? ¿Será que no hay que hacer las obras simplemente para que las vean los demás? ¿Será para que la fe no se deba a señales externas?

3. ¿Cuáles fueron algunas respuestas características de la gente a las enseñanzas y milagros de Jesús en los primeros cinco capítulos? ¿Qué esperaba de Jesús? ¿Qué esperaba Jesús de ellos? ¿Qué espera Jesús hoy de nosotros, a la luz del evangelio de Marcos?

4. ¿Cuál es en tu opinión la principal narración de estos primeros cinco capítulos? ¿Por qué? ¿Qué significaba para los lectores de Marcos? ¿Qué significa para ti?

5. ¿Puedes ver algunos textos de los primeros cinco capítulos en los que se dice que las palabras de Jesús produjeron resultados "inmediatamente"? ¿Qué nos dice esto sobre la eficacia de la palabra de Jesús entonces y ahora?

6. Las primeras narraciones sobre el poder de Jesús en 1:14–2:17, revelan poderes sobre corazones, demonios, y enfermedades; ¿Qué hay en el centro de los poderes de Jesús? ¿Cómo es la oración el centro del poder de los cristianos? ¿Cómo muestra hoy sus poderes Jesús de modos paralelos en tu comunidad?

7. El perdón de los pecados encontró resistencia entre los testigos del milagro. ¿Qué resistencias encuentra hoy entre algunos cristianos la doctrina sobre el perdón de los pecados?

8. ¿Qué son dos razones por las que y para las que Jesús escoge a los Doce discípulos? ¿Por qué y para qué te ha escogido Jesús a ti?

9. Jesús a veces se enoja (3:5; 10:14) y a veces llora por la gente. ¿Por qué?

10. ¿Quién pertenece a la verdadera familia de Jesús? ¿Qué consecuencias ves tú en el que somos "familia" de Jesús?

11. La parábola del sembrador, de la semilla, puede tener varias interpretaciones: ¿Qué significa para ti como una parábola de nueva vida y resurrección? ¿Qué sucede en el campo y cómo queda transformado cuando crece la semilla? ¿Cómo notas que la palabra de Jesús ha transformado tu vida?

12. ¿Qué te dicen los tres milagros junto al mar de 4:35–5:43 sobre los poderes de Jesús al vencer a tres "monstruos" (mar, demonio, muerte)? ¿Cómo encontramos a estos tres "monstruos" aún en nuestra vida? ¿Cuáles son los 2000 demonios que tenemos ahora?

III

6:1–8:26 El Pan y la Ceguera: ¿Quién es Jesús? (*páginas 37–50*)

1. ¿Cómo se compara Jesús al alimentar a la gente con Yahvé al alimentar al pueblo de Israel en el desierto? ¿Qué revelan las narraciones sobre los panes en los capítulos 6–8 sobre la identidad de Jesús? ¿De qué modos nos alimenta hoy Jesús?

2. ¿Qué semejanzas y diferencias ves entre las dos multiplicaciones de los panes? Fíjate en la condición de la gente, en quién toma la iniciativa y en los números de panes y de sobras. ¿Qué te dice todo eso?

3. ¿Qué significa para ti la Eucaristía? ¿Cómo puede aliviar la ceguera del pueblo de Dios, según San Marcos? ¿Cómo te abre a ti los ojos?

4. Jesús proclamó en 7:19 que todos los alimentos pueden ser puros. ¿Qué implicaciones ves tú para los problemas de alguna gente de hoy sobre algunos alimentos?

5. Al sanar al ciego de Betsaida en 8:22-26, el verdadero ciego de Betsaida sanado fue Pedro. ¿Qué indicios de esto ves en esta historia comparada con la que sigue? ¿Se te ha abierto a ti los ojos espirituales alguna vez después de haber visto a una persona obrar?

6. Cómo quería Marcos desafiar a sus lectores con los milagros de esta (la sirofenicia, el sordomudo, y el ciego)? ¿Qué nos enseñan pa de hoy?

IV

8:27–10:52 El camino de Jesús el Mesías (*páginas* 50–64)

1. ¿Cuál es el camino de Jesús como Mesías e Hijo del Hombre? ¿Cómo es el camino de Jesús el mismo que tú debes recorrer?

2. Jesús usó paradojas para explicar las exigencias de su camino: los primeros deben hacerse últimos, los que quieran ganar tienen que perder, el que quiera ser mayor tiene que hacerse el menor, etc. ¿Puedes pensar en algunas paradojas, teniendo en cuenta los valores falsos del mundo de hoy? (Por ejemplo, el que quiera mandar que aprenda a obedecer, el que quiera ser oído que guarde silencio, etc.).

3. Marcos subraya que no hay que avergonzarse de Jesús (ni por las burlas de los judíos ni por la persecución de Nerón): ¿En qué formas se avergüenzan hoy de Jesús algunos cristianos? ¿Te ha dado vergüenza alguna vez el comportarte como cristiano? ¿Qué hiciste para vencer esa tentación?

4. La transfiguración de Jesús tiene muchos ecos del Antiguo Testamento (Moisés en el Sinaí) y prepara para la pasión-resurrección de Jesús. ¿Qué significa la transfiguración de Jesús para tu vida cristiana?

5. La historia del joven rico enseña que los ricos tienen dificultad especial para salvarse. ¿Qué ventajas y desventajas ves en las riquezas? ¿A qué has renunciado tú por seguir a Jesús? ¿Exige Jesús a todos las mismas cosas que exigió a los Doce y al joven rico? ¿Tienen todos que dejar a sus familias y sus riquezas?

6. Con la curación del ciego de Jericó, Bartimeo, se les abrieron los ojos a los Doce para poder entrar con Jesús en Jerusalén y entender lo que iba a suceder en la pasión. ¿Qué tenían que aprender aún los discípulos sobre el camino y la suerte de Jesús? ¿Cómo se diferenciaban los planes de los discípulos de lo que pretendía Jesús al ir a Jerusalén?

V

11:1–13:37 Adelante a Jerusalén, el final del camino (*paginas* 65–78)

1. ¿Qué presagios de la pasión ves en los capítulos 11 y 12 de Marcos? ¿Qué significan para la vida de la Iglesia?

2. ¿Qué cosas pertenecen al César y qué cosas pertenecen a Dios? ¿Si todo le pertenece a Dios, por qué hay que darle nada al César?

3. ¿Cómo ves tú la vida después de la muerte o la inmortalidad? ¿Hablaba Jesús en 12:18 directamente sobre la resurrección?

4. ¿Qué te enseña la historia del óbolo de la viuda (13:38-44) sobre el valor de las oblaciones de los pobres? ¿Vale más la calidad que la cantidad? ¿Cuándo hay que dejar a los pobres ser generosos si es que necesitan todo lo que tienen?

5. ¿Qué es el lenguaje o estilo apocalíptico? ¿Cuándo y por qué se usa? ¿Puedes buscar otros textos de la Biblia escritos en ese estilo?

6. ¿Qué fin proponía Marcos al usar el estilo apocalíptico para el útimo discurso de Jesús? ¿Qué relación hay entre los sucesos narrados en el estilo apocalíp-

tico y los sucesos de la historia del tiempo de San Marcos? ¿Qué nos dice el estilo apocalíptico sobre el futuro?

7. ¿Qué no sugiere San Marcos como solución cuando se nos acaba nuestro mundo? ¿Cómo es Jesús la clave para sobrevivir? ¿Puedes nombrar algunas ocasiones en las que parece acabarse el mundo para una persona o una familia? ¿Qué se les puede aconsejar en esos momentos?

8. ¿Qué mensaje especial ves en la parte central del discurso apocalíptico, 13:24-27, sobre la presencia de Cristo en el mundo? ¿Qué significa para nuestro tiempo?

VI

14:1–16:8 La muerte y la resurrección (*páginas* 78–89)

1. La unción de Betania (14:1-11) recuerda que el cuidar a los pobres y desafiar a los ricos es clave para el seguimiento de Jesús: ¿Qué aplicaciones ves en esto para la iglesia de hoy?

2. ¿En qué se parece la Eucaristía de Jesús a la Pascua hebrea? ¿Qué te recuerda sobre la multiplicaciones de los panes del evangelio de Marcos? ¿Qué debe ser la Eucaristía en la comunidad cristiana de hoy?

3. Jesús se iba a aparecer a sus discípulos en Galilea: ¿Dónde se encontrará la Galilea donde se aparezca Jesús, ya que de hecho Marcos no cuenta tal aparición?

4. ¿Cómo muestra el Jesús de Marcos su poder y grandeza en medio de su pasión? ¿Qué nos dice esto sobre el poder y la grandeza que se busca en nuestro mundo?

5. ¿Cuál es el climax de todo el drama de Jesús según San Marcos? ¿En qué modo está toda la humanidad actuando en ese drama? ¿Quiénes son sus personajes principales?

6. ¿Cómo ves en 15:33-39 la llegada del Día de Yahvé? ¿Qué señales ves ahí de un nuevo orden y de una nueva fe?

7. ¿Puedes explicar brevemente qué significa para ti el versículo 16:6 que resume la predicación cristiana sobre Jesús?

8. El final del evangelio de Marcos es realmente un comienzo de tu vida: ¿Cuál es este comienzo? ¿Qué mundo nuevo te abre y cómo te desafía?